Ralph-Dietmar Stief

Die Neue Energie

Raus aus dem Hamsterrad

Bitte fordern Sie unser kostenloses Verlagsverzeichnis an:

Smaragd Verlag
In der Steubach 1
57614 Woldert (Ww.)
Tel.: 02684-97848-10
Fax: 02684-97848-20
E-Mail: info@smaragd-verlag.de
www.smaragd-verlag.de

Oder besuchen Sie uns im Internet unter der obigen Adresse.

Deutsche Erstausgabe: Januar 2014

Umschlaggestaltung: preData
Satz: preData
Printed in Czech Republic

ISBN 978-3-95531-029-5

Ralph-Dietmar Stief

Die Neue Energie

Raus aus dem Hamsterrad

Smaragd Verlag

Über den Autor

Ralph-Dietmar Stief wurde am 25.08.1952 in Münster/Westfalen geboren.
Er studierte an der Universität Bielefeld und war bis 1994 als Verwaltungswirt tätig. Seit 1994 praktiziert Ralph-Dietmar Stief als freiberuflicher ganzheitlicher Therapeut.
Der Autor lebt in seiner Wahlheimat Mallorca, wo er 2006 mit seiner Lebensgefährtin Bettina Heiniger die Akademie für gesamtheitliches Bewusstsein gründete.

„Der tägliche Sinn meines Lebens ist es, die Menschen im Herzen zu berühren, sie dort abzuholen, wo sie stehen, und sie ein Stück ihres Lebens zu begleiten, sie zu ermutigen, ihre eigenen Herausforderungen anzunehmen und dabei die Leichtigkeit nicht zu verlieren."

www.betra4.com
mail@betra4.com

Irgendwo in einer sehr entlegenen Gegend dieser Erde...

...saß ein kleiner Frosch an seinem Tümpel und dümpelte vor sich hin, ganz allein und einsam.

Eines Tages sah er, wie sich ihm von Weitem ein anderer Frosch näherte. Voller Freude fragte er ihn: „Sag mal, wo kommst du denn her?"

„Aus dem Niemandsland", antwortete der andere Frosch.

„Und wo willst du hin?"

„Ich will zum Meer."

„Was ist denn ein Meer?", fragte unser kleiner Frosch.

„Du kennst nicht das unendlich große Wasser?"

„Wie, Wasser? Gibt es etwa irgendwo noch einen kleinen Tümpel, den ich nicht kenne?"

„Es ist kein Tümpel, es ist Wasser ohne Ende."

„Wie, ohne Ende? Sollte es einen Tümpel geben, der mehr Wasser hat als meiner hier?"

„Ich sagte doch, es ist kein Tümpel, und es ist unüberschaubar groß."

„Also etwa 3-mal so groß wie dieser?"

„Komm," sagte der andere Frosch, „gehen wir zusammen. Ich zeige dir das Meer."

„Da bin ich aber jetzt gespannt!", erwiderte unser kleiner Frosch.

So zogen sie gemeinsam des Weges, der gar kein Weg war, sondern nur Einöde, um zum Meer zu gelangen.

Nach vielen Tagen und Nächten, fast verhungert und verdurstet, sah unser kleiner Frosch am Horizont einen silbernen Streifen und blieb erstaunt stehen.

„Du, schau mal, was ist dort wohl?“, fragte er den anderen Frosch.

„Das wird das Meer sein, los komm, wir haben es bald geschafft.“

Mit neuem Elan ging es weiter.

Das Meer wurde zunehmend größer und ebenso die Augen unseres kleinen Frosches. Er konnte sich überhaupt nicht vorstellen, was da auf ihn zukam.

Dann hatten sie es geschafft und saßen vor dem unendlichen Wasser.

Der kleine Frosch brachte keinen Ton heraus. Sein Maul weit offen, die Glupschaugen fast außerhalb des rot werdenden Kopfes, der sich unaufhörlich aufblähte.

Er strengte sich an, das, was er sah, zu begreifen. Sein Kopf kochte und wurde immer größer. Er konnte es nicht fassen. Sein Gehirn wurde wahnsinnig.

Plötzlich gab es einen lauten Knall, und der große Kopf des kleinen Frosches war geplatzt!

(Überlieferte Geschichte)

Mit diesem Buch möchte ich etwas Unfassbares darstellen, was aber bereits auf uns zukommt, wie dieses unendliche Meer auf den kleinen Frosch.

Am Horizont verschmilzt das Meer mit dem Himmel.

Wir Menschen haben zusammen mit dem Universum etwas kreiert, das uns bereits auf der Erde mit dem Himmel verschmelzen lässt:

Die NEUE ENERGIE.

Inhalt

Vorwort

Liebe Leserinnen und Leser,

bisher wissen noch nicht sehr viele Menschen, dass es auf der Erde die *Neue Energie* gibt.

Wer *Neue Energie* hört oder liest, verbindet unterschiedliche Assoziationen damit, wie zum Beispiel erneuerbare Energie, neue Kraft, verschiedene neue Techniken und vieles mehr.

Bei der Energie, über die ich jetzt schreibe, handelt es sich aber um etwas noch nie Dagewesenes. Es ist eine völlig neue kollektive Kreation für die Erde und uns Menschen. Diese *Neue Energie* ist auch keine Verbesserung irgendeiner alten Energie, nein, sie ist etwas ganz anderes. Ich werde erklären, worum es geht. Beispiele aus dem Leben vieler Menschen, in denen sich diese Neue Energie präsentiert hat, fließen hier mit ein.

Ich möchte mit diesem Buch etwas Revolutionäres vermitteln und Ihnen dies so verständlich wie möglich beschreiben.

Im Grunde ist die *Neue Energie* kaum vorstellbar, der menschliche Verstand kennt so etwas noch nicht. Sein begrenzter Horizont von der Vergangenheit und dem, was sein könnte, lässt noch keine Vorstellung von dieser *Neuen Energie* zu. Ich betone dies absichtlich gleich zu Beginn. Mir ist bewusst, dass diese Zeilen auch auf Kopfschütteln stoßen werden.

Ich lade Sie herzlich ein! Lassen Sie uns ein neues Kapitel der Erden- und Menschheitsgeschichte aufschlagen!

Mein Ratschlag an Sie:

Lesen Sie die nachfolgenden Zeilen nicht so einfach nebenher. Nehmen Sie sich dafür die angemessene freie Zeit, diese *Neue Energie* ganz und mit allen Gefühlen in sich aufzunehmen.

☆☆☆

Alte Energie

Unsere bisher bekannte Welt erscheint uns polar. Tag und Nacht, Oben und Unten, Links und Rechts, Nordpol und Südpol usw. Wenn wir ein Pendel bewegen, schwingt es hin und her.

Unser Leben entwickelt sich ständig weiter, aber es entwickelt sich durch das Schwingen. Wir können es gut mit Ebbe und Flut vergleichen. Nach einer Phase der Besinnung, der relativen Ruhe, des Verarbeitens des zuletzt Erfahrenen geht es wieder nach vorne, auf zu neuen Ufern – und so weiter, und so weiter...

Hieraus entstanden Zyklen. Ein Tag, eine Woche, ein Jahr, ein Jahrzehnt usw. Es entstanden auch Entwicklungsepochen, wie sie zum Beispiel von den Mayas beschrieben wurden. Ebenso hat jeder Mensch seine Zyklen. Interessant ist, dass sich durch diese schwingende Polarität Dinge wiederholen können, errechenbar sind, prognostizierbar werden, auseinandergenommen und wieder zusammengesetzt werden können.

So konnten sich auch Gewohnheiten entwickeln, gleichbleibende Rhythmen. Ein Perpetuum mobile hat der Mensch aber noch nicht entdecken können, obwohl es ein ewiger Traum ist. Das Begrenzte der Erde, die polare Schwingung, ließ so etwas bislang nicht zu, schon physikalisch nicht. Über die irdische Begrenzung hinaus konnten wir nur durch unsere unbegrenzte Phantasie gelangen.

Stellen Sie sich nun vor, dass eine ganz neue Tür geöffnet worden ist, durch die scheinbar Unmögliches gelangt, so, wie in unserer Phantasie. Stellen Sie sich vor, dass dies die irdischen Gesetzmäßigkeiten außer Kraft setzt. Science Fiction wird zur Realität!

WIE ?

☆☆☆

Neue Energie

Hier finden wir sogleich ein nicht gewolltes Beispiel: Unter der Überschrift „Alte Energie" erschienen plötzlich ohne bewusste Einwirkung alle Zeilen kürzer, begrenzter (siehe letzte Seite). Unter der Überschrift „Neue Energie" wurden die Zeilen plötzlich wieder breiter – ich bin selbst erstaunt –, aber warten Sie ab, was sich noch präsentieren wird...

Also, eine *Neue Energie*, was können wir uns darunter vorstellen? Woher kommt sie überhaupt?

Wir wissen nicht genau, wie lange die Menschheit schon existiert. Kulturen kamen und gingen. Alle Kulturen fanden die Polarität vor, die schwingende Energie, die Begrenztheit, die Zyklen. Die urschöpferische Idee war, etwas zu *erleben*. Nicht nur zu *sein*, unbegrenzt, als reines Bewusstsein, ewig, gleichzeitig, Göttliches in Allem, nein, dieses Alles-was-ist wollte sich selbst neu erfahren. So wurde eine Dimension erschaffen, in der die „Erfahrung" möglich sein würde. Die Erde in der uns bekannten Weise, die Körperlichkeit, Zeit, Raum und die Begrenztheit des Seins waren geboren. Jetzt wurde es möglich, den Augenblick zu erleben, Abläufe konnten sich darstellen, alles konnte bis ins Kleinste aufgespalten und untersucht werden. Und wie schon hervorgehoben, das Sein wurde berechenbar, Wiederholungen waren möglich.

Jede menschliche Kultur hatte ihre experimentellen Schwerpunkte, kam und ging dann wieder. Die ENERGIE war grundsätzlich begrenzt. In dieser Begrenztheit waren Entwicklungen zwar möglich, so sollte es ja auch sein, aber nur innerhalb der geschaffenen irdischen Dimensionen.

Und jetzt, liebe Leserinnen und Leser, stellen Sie sich einmal vor, dass Sie, ja, auch SIE, diese Begrenztheit bereits x-mal durchlebt haben, in den verschiedensten Epochen, Kulturen, körperlichen und geistigen Zuständen und damit verbundenen Möglichkeiten der Entfaltung und Entwicklung.

Will nicht ein Baby irgendwann von seinen „Windeln" befreit sein?

Sehen Sie sich jetzt einmal als Außenstehender. Sie schauen sich an, was „Sie" in den verschiedensten Körpern schon alles erlebt haben, über Äonen hinweg. Kommen Sie dabei nicht an einen Punkt, an dem Sie sich fragen: Und jetzt? Wann geschieht denn wirklich einmal etwas Neues, nicht nur eine neue Darstellung im anderen Gewand, nein, wann wird sich etwas ganz Neues einstellen? Etwas, das sich vom Bisherigen völlig abhebt, was es wieder spannend macht? Nicht mehr die eine, unendliche und doch sich wiederholende Telenovela... Wann hört das Aufspalten vielleicht wieder auf? Wir haben doch alles schon aufgespalten, selbst ein Atom haben wir gespalten. Wollen wir jetzt noch „Haarspalterei" betreiben? Wann können wir auf der Erde weitere Grenzen sprengen, neue Dimensionen aufschließen, vielleicht in gewissem Rahmen sogar Unbegrenztheit erleben? Könnte das möglich sein?

Und weil ja alle dies gefragt hatten und es daher dem Alles-was-ist schon zu langweilig geworden war, wurde das Neue erschaffen. Die Erde sollte schon bleiben, der wunderschöne Ort bot ja nach wie vor die Voraussetzung, dass dort auch neue Entwicklungen möglich sein konnten. Es musste nur Grundlegendes hinzukommen, was neue Erfahrungen zulassen würde. Da die bisherige Energie aber begrenzend wirkte und es nun darum ging, diese Begrenztheit aufzuheben, konnte die Lösung nur darin liegen, eine Energie zu kreieren, die außerhalb jedweder Begrenzungen sogar das erschaffen konnte, was unmöglich erschien.

Das war genial!

Es lag hierbei auf der „Hand", dass eine solche Energie die alte, polar schwingende Energie nicht unmittelbar ablösen durfte. Das hätte absolutes Chaos hervorgerufen. Die Menschen hätten den Boden unter sich völlig verloren.

Gehen Sie also einfach davon aus, dass wir alle, wir menschlichen Engel und Alles-was-ist, auf für uns unbewusster kollektiver Ebene eine *Neue Energie* kreiert haben, die uns nach und nach über die uns bekannten Grenzen führt.

Wie könnte das mit den bisherigen Erdbedingungen kompatibel werden? Könnte es sogar möglich sein, daneben auch *nur* in dieser Neuen Energie zu existieren, sozusagen in einer Art Parallelwelt auf dieser Erde?

Gehen wir weiter Schritt für Schritt vor.

Wie könnte eine *Neue Energie* sich präsentieren? Welche Eigenschaften würde sie wohl haben?

Wenn sie nicht mehr polar schwingt, wie schwingt

sie dann? Schwingt sie überhaupt? Mit welchen Eigenschaften würde sie uns etwas Neues ermöglichen?

Das Ziel ist klar: Grenzüberschreitung nicht nur im Geistigen, sondern auch im Irdischen, im Physikalischen, im Materiellen. Folglich dürfte diese Energie sich nicht nur in EINE Richtung „bewegen“. Auch nicht mehr in ZWEI Richtungen. Sie müsste in jede denkbare und auch in unvorstellbare „Richtungen“ wirken, oder wie wir das auch immer mit begrenzten Vorstellungen und begrenzter Sprache beschreiben könnten. Wenn es dafür ein passendes Wort gibt, das eine entsprechende Assoziation hervorrufen kann, ist es vielleicht „AUSDEHNUNG“. Die Energie müsste auf pure Ausdehnung ausgerichtet sein. Alles andere wäre lediglich eine Verbesserung der alten Energie.

Pure Ausdehnung? Unvorstellbar! Ein bestimmter Zustand soll sich unaufhörlich ausdehnen können? Wie soll das denn gehen? Nun, hier haben wir bereits das Dilemma. Schon will sich unser Verstand wieder ein Bild davon machen. Und schon ist großes „Kopf“-schütteln angesagt. Schon erreichen uns alle bisherigen Erfahrungen, die immer nur das Gegenteil bestätigen können – angefangen mit den sieben fetten und den sieben mageren Jahren, den ständigen Aufs und Abs im Leben wie bei den Börsenkursen, den alternden Körperzellen, den gesunden und kranken Lebensphasen usw.

Glücksgefühle, ein klasse Beispiel! Wer ist in der Lage, ein Glücksgefühl nicht nur anhaltend zu erleben, sondern sogar anhaltend zu steigern? Das wäre doch Ausdehnung, oder? Und ein Orgasmus? Stellen Sie sich vor, der würde sich unaufhörlich ausdehnen. Wo sollte das enden, wenn es überhaupt ginge? Ha, da haben wir schon die nächste Barriere unseres Denkens: Wo soll etwas ENDEN?

Gäbe es noch ein Ende? Im Geistigen ist Unendlichkeit fast nicht vorstellbar, aber nun würde dies auch im Irdischen eintreten können?

Diese und ähnliche Fragen tauchen auf, und am Ende sagt der Verstand: Das alles ist völliger Quatsch, Blödsinn, Phantasie, Träumerei...

Also wollen wir doch einmal kurz das Träumen aufgreifen:

Wir alle wissen, dass Träume keine Schäume sind, sondern unsere innere geistige Realität zum Ausdruck bringen. Im Traumlabor wird nur anders gearbeitet als es der Verstand tut. Hier läuft alles assoziativ ab, nicht linear. Hier ist alles gleichzeitig möglich, die Gesetze der Schwerkraft usw. gibt es nicht. So, wie die Traumergebnisse aber wahr werden, Realität annehmen, nur nicht unbedingt im Gewand des Traums, könnten wir es uns jetzt einmal als hochinteressant vorstellen, wenn die Realität ähnlich wie ein Traum-Geschehen ablaufen könnte.

Dies setzt voraus, dass alles miteinander verwoben ist, zum Beispiel Zeit nicht mehr so abläuft wie bisher. Stellen wir uns vor, dass sich unsere Realität dann wie folgt bilden kann: Wir finden bereits Antworten auf Fragen vor, die überhaupt noch nicht gedacht und gestellt worden sind.

Lasst es uns spielerisch betrachten. Wir müssen uns eine Brücke bauen.

Also, wir stellen uns vor, die *Neue Energie* ist auf Ausdehnung ausgerichtet, sie ist nicht begrenzt und auch nicht begrenzend. Was bedeutet das grundsätzlich im „Umgang" mit dieser Energie?

Könnten wir sie überhaupt einschätzen, enger definieren? Könnte sich in ihr etwas wiederholen?

Könnten wir sie noch kontrollieren? Könnten wir von einer Erfahrung mit ihr auf eine andere schließen? Könnten wir bestimmen, wann und wie sie wirken soll?

Nichts von alledem wäre möglich. Im Gegenteil, wenn wir das versuchen würden, würde sie sich uns entziehen, weil sie eben nicht eingrenzbar ist. Sie entzieht sich allen bisherigen Gesetzen, die ja allesamt auf der alten Energie aufbauen.

Ja, wie sollen wir dann mit ihr umgehen, in ihr agieren, mit ihr arbeiten?

Arbeiten gibt es hier nicht mehr. Endlich (schmunzel) kein Arbeiten mehr. Wir wollten doch immer schon alles mühelos erreichen, oder nicht? So, und wie soll das dann ablaufen mit der *Neuen Energie*? Wir können doch im Prinzip gar nichts tun. Wir möchten aber doch erschaffen, kreieren, Ideen umsetzen…

Sollen wir uns einfach darauf verlassen, dass die *Neue Energie* unsere Ideen aufgreift und dort hineingeht, sie befördert? Vielleicht auf ungeahnte Weise? Auf unvorstellbare Weise? Dürften wir uns überhaupt noch Vorstellungen davon machen, was zuletzt dabei herauskommt? Wir haben doch etwas vor Augen, wenn wir eine Idee haben. Wie steht dies dann mit der Wirkungsweise, mit der

Natur dieser Energie im Einklang? Fragen über Fragen...

Da stehen wir nun. Wer gibt uns die Antworten? Die *Neue Energie*? Wie sollten wir jetzt am einfachsten vorgehen, wenn es überhaupt ein Vorgehen geben kann?

Es bleibt uns vielleicht derzeit nichts anderes übrig, als die Fragen so stehenzulassen, keine Erwartung an irgendetwas zu haben, nichts Konkretes von der Energie zu wollen und einfach unser Leben so zu leben, wie wir das wünschen.

Aber etwas könnten wir schon tun. Wir könnten einfach die *Neue Energie* einladen, in unser Leben zu treten, Anteil zu nehmen und ihre Kreativität in unsere Ideen und Vorstellungen einzubringen. Wir erleben jetzt eine Übergangszeit, in der diese Energie beginnt, sich auszudehnen, sich mit allem zu verbinden. Dann werden wir ja sehen, was daraus wird, was geschehen kann und was nicht. Gäbe es noch ein „nicht"?

Liebe Leserinnen und Leser, ich kann an dieser Stelle nur verraten, dass ich auch diese Fragen hatte und noch immer habe, wahrscheinlich fortwährend. Und genau deswegen habe ich die *Neue Energie* eingeladen, mich zu begleiten und zu unterstützen, ja, auch bei diesem Buch. Und jetzt können wir aufmerksam bleiben und neugierig wie ein Kind vor Weihnachten. Ich glaube, je leichter wir es nehmen und mit dem Herzen eingestimmt sind, desto schöner wird das Leben sein.

Um es vorwegzunehmen: Auch wir, meine liebe Lebensgefährtin Bettina und ich, haben bereits Erfahrungen mit der *Neuen Energie* gemacht, sehr interessante, eben neue

Erfahrungen, die ich hier mit einbringen werde. Sie werden jedoch dieses Buch noch nicht füllen können. Deswegen haben wir in den letzten Wochen verstärkt bei unseren Mitmenschen um möglichst viele weitere Beiträge geworben. Und nun lassen wir alles mit höchster Aufmerksamkeit auf uns zukommen. Es gibt kein weiteres Konzept für dieses Buch. Die Seiten werden sich schon füllen…

An dieser Stelle schlage ich Ihnen, liebe Leserinnen und Leser, vor, die *Neue Energie* ebenfalls einzuladen. Bewusst, mit ganzem Herzen, mit Freude! Manche mögen das vielleicht mit einer Meditation verbinden oder im Einklang mit der Natur, wie auch immer. Die Einladung ist jetzt mein Vorschlag an jeden.

Vielleicht haben Sie ja jetzt Zeit dazu? Wäre es nicht spannend, danach in dieser Verbindung mit der Neuen Energie weiterzulesen? Dann seien Sie spontan, und wir legen jetzt eine Pause ein.

☆☆

Habt nun jetzt bitte keine Erwartung. Lest einfach weiter…

Ich habe mir inzwischen erlaubt, euch mit dem vertrauteren DU anzusprechen, als Ausdruck einer neuen Gemeinsamkeit. Fahren wir fort...

Die Neue Erde

Neue Erde? Ja, viele Menschen wünschen sich schon lange, dass sich unsere Erde erneuert. Das ist aber hier nicht gemeint. Es gibt bereits eine reale neue Erde. Auch die haben wir auf kollektiv unbewusster Ebene erschaffen. Sie ist ein Übungsplanet, im Besonderen auch für die *Neue Energie*. Wir müssen sie uns nicht physisch vorstellen wie unseren Planeten. Sie existiert in uns mit ihrer eigenen Dimension. Viele von uns wirken bereits dort mit, experimentieren dort. Diese Erfahrungen bringen wir dann in unsere reale alte Erde ein. So kann sich das Neue auch leichter integrieren. Dies dient der Übergangszeit. Selbst unser Verstand wird jetzt sagen: Gute Idee, das macht Sinn.

Wie das abläuft, wenn wir auch dort existieren? Es geht wohl am einfachsten während der Tiefschlafphase in der Nacht. Wir sind im Inneren sowieso mit allem verbunden, ununterbrochen. Und im Tiefschlaf sind wir hochaktiv und in anderen Realitäten zu Hause.

Wie könnte es auf dieser Neuen Erde zugehen?

Wenn es in einer Entwicklung, die uns Menschen neue Dimensionen aufschließen soll, um die Sprengung unserer irdischen Raum-Zeit-Konstellation und der Polarität mit allem, was dazugehören könnte, gehen soll, was wäre dann spannend und würde „Sinn“ machen? Es handelt sich ja um einen Übungsplaneten, ein Übungsfeld mit erweiterten Möglichkeiten, wobei es dafür möglicherweise auch keine Begrenzungen und kein Ende geben wird…

Gehen wir einmal in unsere Phantasie: Was wäre, wenn wir auf dieser Neuen Erde in der Lage wären, sowohl als Geist wie auch in der Körperlichkeit zu existieren? Einerseits fänden wir noch die Bedingungen unserer alten Erde vor, andererseits könnten wir bereits ohne Körper SEIN. Die Trennung zwischen Himmel und Erde, so, wie wir sie hier „unten" erfahren, wäre damit aufgehoben. Jetzt ließe sich doch unser Traum wie in unseren bisherigen nächtlichen Ausflügen in die tatsächliche Realität „beamen". Die Realitäten würden sich verbinden, und wir könnten mühelos ohne und mit Körper SEIN. Diese Erfahrungen sind hier auf der alten Erde noch nicht möglich (bis auf wenige Menschen, die sich bereits dematerialisieren können, wenn dies denn so stimmt). Auf der Neuen Erde könnten wir also fantastisch damit experimentieren, auch kollektiv. Wir könnten auch gemeinsam Großereignisse völlig neu kreieren.

Science Fiction ist dort also real, wir können davon ausgehen. Und so werden immer mehr Menschen auf der alten Erde unvorstellbare Dinge erleben. Das passt doch nun wunderbar zusammen! Wir bekommen jetzt hier „unten" die beste Unterstützung für unsere neue Entwicklung. Das ist doch genial! Und wir selbst sind dabei die Schöpfer, weil wir nachts bereits auf der Neuen Erde weilen.

☆☆☆

Was ist bisher geschehen?

In den letzten Jahren hat sich nach unserer Wahrnehmung die *Neue Energie* schon sehr bemerkbar gemacht. Bevor sie so richtig integriert werden kann, wird sie größere Barrieren aus dem Weg räumen. Sehr viel altes Verstandesdenken und viele Glaubensüberzeugungen gehörten dazu – von dem was geht und was nicht, was „richtig" und „falsch" sein soll, alte Bewertungen, Vorurteile und überhaupt das polare Denken, sofern es andere Auffassungen nicht zulässt.

Viele alte Strukturen sind bereits zusammengebrochen, und weitere werden ständig hinterfragt. Unsere „Neuen Kinder" spielen auch eine besondere Schlüsselrolle dabei, weil sie alles auf den Kopf stellen. Und sehen wir uns im Großen um: Überall sind enorme Veränderungen im Gange. Die Wirtschaft steht vor überfälligen Erneuerungen. Erfindungen und Entdeckungen nehmen daher inzwischen deutlich zu. Vieles wird aufgedeckt, ans Licht befördert. Dazwischen helfen Krisen beim Aufräumen.

Das Finanzsystem steht infrage. Die Wissenschaften haben für neue, unglaubliche Ereignisse keine ausreichenden Erklärungen mehr. Die bisherige Physik steht auf wackligen Füßen, die Relativitätstheorie wird angezweifelt. Neue Phänomene treten in allen Lebensbereichen auf. Regierungen werden gestürzt, Begrenzungen eingerissen, damit sich Freiheit entfalten kann. Den Rest besorgt die Erde selbst durch ihre Unruhe, die den Aufruhr der Menschen spiegelt.

So, wie wir die einleitenden Veränderungen im Großen bereits überall miterleben, finden die Umbrüche auch in uns statt. Wie im Großen, so auch im Kleinen, und umgekehrt.

Unsere Denkens- und Verhaltensweisen sind infrage gestellt. Wir sind nicht zufällig zu diesem Zeitpunkt auf der Erde. Wir haben im Inneren gewählt, diese aufregende Zeit mitzuerleben und mitzugestalten. So lasst uns dies auch bewusst unterstützen.

Wie und womit können wir unsere neue Entwicklung jetzt fördern? Was ist hilfreich? Was ist bremsend?

☆☆☆

Neue Wege, Möglichkeiten, Entwicklungen

Wir Menschen können uns auf das, was vor uns liegt, am besten vorbereiten, indem wir uns erst einmal offen und unbefangen allem Neuen gegenüber verhalten. Als Kind waren wir doch auch sehr neugierig, haben ständig Fragen gestellt, wollten alles wissen. Wenn wir diese unschuldige Haltung wieder einnehmen, voller Begeisterung, dass es viel zu entdecken gibt, haben wir den Anfang gemacht. Jetzt kann sich das Neue präsentieren. Wenn ich Widerstände habe, überhaupt etwas Neues zuzulassen, kann sich die *Neue Energie* nicht zeigen und mich mitnehmen in eine Leichtigkeit, auf die es ja hinauslaufen soll.

Hier biete ich euch folgendes Bild an: offen sein wie ein Sieb. Ein Sieb bietet keinen Widerstand. Jeder Widerstand endet in Druck. Druck kann sich letztendlich auch in körperlichen Problemen zeigen. Auf unseren Körper werden wir noch besonders eingehen.

Offen sein heißt, einverstanden sein mit dem, was ist. Nur wenn ich einverstanden bin, kann ich auch die Botschaft hinter dem, was sich mir präsentiert, verstehen. Erst dann kann ich darauf reagieren. Wir sind auch ohne die *Neue Energie* bereits Schöpfer unserer Realität. Aus dieser Sicht ist es doch paradox, das anzuzweifeln oder gar zu bekämpfen, was wir selbst kreiert beziehungsweise mitkreiert haben. Und wir können auch nur immer das anziehen, was zu uns passt. Wozu es also ablehnen? Es wäre ein Widerspruch, und diese Widersprüche haben uns Menschen in der Vergangenheit doch ständig ein

Hamsterrad erschaffen. Immer wieder mussten wir Runden wiederholen, weil wir vieles abgelehnt hatten. Diese Erfahrungen kennen wir doch zur Genüge. Genau deswegen haben wir die *Neue Energie* erschaffen. Dementsprechend sollten wir uns auch jetzt offen zeigen.

Also, wenn wir mit dem, was sich in unserem Leben zeigt, grundsätzlich einverstanden sind, kann das Leben fließen. Die meisten Blockaden entstehen durch unsere Vorstellungen, von dem, wie es sein soll oder nicht. Da hakt es. Es ist ein Festhalten und Fixieren. Unser Verstand will etwas Bestimmtes erreichen oder etwas ausschließen. Damit ist der freie Fluss gebremst.

Sehen wir diesen so wichtigen Aspekt einmal aus höchster Perspektive. Erinnern wir uns an unseren geistigen Ursprung.

Wir sind mit der Absicht inkarniert, uns durch Erfahrungen zu ent-wickeln. Am Ende steht irgendwann ALLES-WAS-IST oder ICH BIN. Was haben wir für diese Epoche gewählt? Das Hamsterrad zu verlassen oder zumindest auf den Weg dahin zu kommen. Dafür haben wir uns „oben" wunderbar vorbereitet. Mit aller Leidenschaft für das Neue! Und wir waren total überzeugt von dem Neuen und davon, es zu integrieren. Wir haben sogar gescherzt, es würde mit dem Bewusstsein, das wir schon haben, ein Kinderspiel...

Alles vergessen? Klar, das gehört dazu.

Aber jetzt sollten wir aufwachen und unseren ursprünglichen Entschluss ernstnehmen. Wir haben alles dazu mitgenommen, jeder von uns. Jeder trägt in sich alles, was er jetzt braucht. Es wird herauskommen und uns in dieser Zeitepoche unterstützen. Es gibt nicht einen Grund, Nein zu sagen.

Wir können größtes Vertrauen zu uns und dem, was sich jetzt zeigen möchte, haben. Wir haben es „damals" bereits durchgespielt, und es hat sich außerordentlich gut angefühlt!

Mit dieser Sicherheit in uns brauchen wir grundsätzlich kein Nein mehr. Wählen wir also jetzt bewusst das JA. Mit diesem JA kann sich die *Neue Energie* wunderschön verbinden.

Was hilft noch? FREUDE: Lebensfreude, Lust am Leben – das öffnet immer neue Türen!

Eine weitere Empfehlung: Die Veränderung der SINNE zulassen! Was heißt das? Unsere fünf Sinne arbeiten in der alten Energie nach den Möglichkeiten, wie sie trainiert wurden. Sie richten sich mehr oder weniger auch nach unserem Glauben, was uns mit ihnen möglich erscheint. So sind sie begrenzt. Sie könnten ihre Fähigkeiten aber erweitern oder sich gar neu ausrichten. Wir sollten dies nicht als abwegig abtun, sondern beobachten, wie sie sich eventuell mitverändern. Unsere Wahrnehmungsfähigkeit wird sich sicher steigern, und damit können sich neue Dimensionen erschließen.

Warum sollten wir beispielsweise Farben nicht anders sehen können, ihre Existenz neu wahrnehmen? Oder neu riechen? Mir passiert es öfter, dass ich etwas rieche, das sich nicht in der Realität befindet, wie sie sich momentan darstellt. Also etwas, das scheinbar nicht da ist. Physikalisch ist das unvorstellbar.

Oder das Hören. Unsere Hellhörigkeit kann sich durch die Neue Energie ebenso ausdehnen.

Bei Bettina hat sich inzwischen eine Hellsinnigkeit eingestellt. Wie können wir uns das vorstellen? Nun, sie ist außergewöhnlich medial. Sie nimmt jeden Menschen anders wahr und hat zu ihm einen einzigartigen Zugang, der von der individuellen Energie des Einzelnen abhängt und damit unterschiedliche Sinne in ihr anspricht, besonders ihre inneren Sinne.

Das wäre das Nächste: Unsere inneren Sinne werden sich erweitern, zum Beispiel unser sogenanntes Drittes Auge. Dafür wäre es förderlich, den Blickwinkel unserer Auffassungen mehr auf Einheit anstatt auf Polarität zu richten. Wir dürfen uns nicht ständig vom Ganzen abspalten, sondern sollten stets die Botschaften HINTER den Darstellungen des Lebens erfassen. Hier würde dann die *Neue Energie* die Entwicklung des sechsten Chakras ausdehnen.

Es könnten sich auch völlig neue Sinne entwickeln, warum nicht? Wir müssten dafür nicht unbedingt wieder durch eine ewiglange Evolutionsphase gehen.

Also beobachten wir künftig mehr unsere Sinne und vertrauen wir auf sie, wenn sie sich neu zeigen.

Und was sollten wir uns stets erlauben?

Alles infrage zu stellen. Ja, es gehört dazu. Das hat im Grunde nichts mit Skepsis oder Zweifeln zu tun, sondern ist Ausdruck unserer Absicht, Klarheit zu gewinnen und offen für Veränderungen zu sein. Was gestern noch gültig war, kann heute schon Vergangenheit sein. Wir sehen ja, wie schnell Veränderungen eintreten, und die Zeitqualität steigt weiter an. In immer kürzerer Zeit machen wir immer intensivere Erfahrungen. Das zwingt uns, weiter zu hinterfragen, ob etwas Altes noch einen Wert für uns hat. Schlussendlich ist Dauerhaftigkeit eine Illusion, und das wird jetzt immer klarer.

Sollen wir also jetzt alle bisherigen Werte über Bord schmeißen? Oh nein! Die Frage muss jeder für sich selbst beantworten. Es geht um die Einstellung zum Neuen. Wir sollten uns nicht begrenzen, indem wir kategorisch an etwas festhalten. Ändern kann sich alles.

Die Polarität auf *dieser* Erde wird als Basis vielleicht immer hier bleiben. Wir können uns aber jetzt bereits davon lösen, nämlich in unserem Geist. Lenkt eure Aufmerksamkeit nicht mehr auf das Aufspalten, sondern auf die Einheit. Ihr kommt ja auch nicht auf die Idee zu glauben, der Mond sei nur ein halber Trabant, wenn er nur halb beleuchtet wird. Ihr sagt auch nicht, ein Apfel ist ein Apfel, weil er eine untere und eine obere Hälfte hat. Nein, ihr seht ihn vollständig. Im Alltag jedoch wird sehr viel aufgespalten und damit auch verurteilt. Das eine ist gut und das andere schlecht. Menschen neigen dazu, alles in Schubladen zu stecken. Diese bleiben dann für sie fortwährend gültig. Die *Neue Energie* will in diese Schubladen aber nicht hinein, denn für sie gibt es keine Begrenzung.

Kommen wir noch einmal auf unseren Körper zurück. Er ist hier noch an die Schwerkraft gebunden. Während wir in unseren Träumen und auf der Neuen Erde neue Erfahrungen mit unserem Körper durchspielen, wird er unabhängig davon bereits durch unsere Bewusstseinsveränderungen „lichter", durchlässiger. Er ist der dichteste, der materielle Teil von uns. Aber auch Materie hat Bewusstsein und verändert sich entsprechend. Der Körper wird dem Geistigen folgen. Er wird durch viele Prozesse gehen, um lichter zu werden. Dabei wird er auch Symptome produzieren, die wir nicht erwarten. Zweifelt nicht, wenn er zwischendurch mal spinnt, er reagiert auf seine Weise und mit seinen Möglichkeiten. Dabei verabschiedet er auch alte Wunden, Krankheiten und alles, was uns heimgesucht hat. Der Körper spiegelt ja unsere Psyche, unsere Glaubensüberzeugungen, unsere Herausforderungen, unsere Ängste, die geistigen Wege, die wir gehen. Während der neuen Bewusstwerdung kommen alle diese alten Geschichten wieder kurz hoch, zeigen sich noch einmal und verabschieden sich dann. Lasst es geschehen, kämpft nicht dagegen an.

Gibt es Anhaltspunkte, wie lange sich solche Symptome zeigen?

In etwa. Bis zu vierzehn Tagen ist keine Seltenheit. Wir können dafür keine Regel aufstellen. Wenn ein Organ allerdings deutlich auffällig ist oder sehr stark schmerzt, solltet ihr die Maßnahmen ergreifen, die euch angemessen erscheinen. Es kann sich dann sehr wohl noch um eine aktuell ernstzunehmende Botschaft handeln.

Was können wir für unseren Körper in der neuen Entwicklung tun?

Das Beste überhaupt ist, ihm seine Kompetenz zurückzugeben, die er von Natur aus hat.

Unser Körper ist etwas so Großartiges, eine Schöpfung, die allergrößte Beachtung verdient. Er ist so angelegt, dass er durchaus 200 Jahre alt werden kann, auch ohne die *Neue Energie*.

Wenn der Mensch nicht ständig glauben würde, über ihn bestimmen zu müssen, würde er viel widerstandsfähiger sein und uns mit mehr Freude dienen. So aber besteht die Gefahr, dass er irgendwann aufgibt, resigniert, nicht mehr das leistet, was er könnte.

Die vielen sogenannten gesunden Ernährungsweisen sind nicht in jedem Fall förderlich. Ein Körper hat weit mehr Möglichkeiten, Nahrung zu verarbeiten und in die Substanzen umzuwandeln, die er braucht, als allgemein angenommen wird. In der *Neuen Energie* sind sowieso alte Vorstellungen, auch über Ernährung, hinderlich. Was glaubt ihr wohl, wie ein Körper reagiert, wenn er ständig etwas zu sich nehmen soll, was ihm gar nicht schmeckt, wenn er nicht bekommt, was ER im Moment braucht? Im Grunde gibt es nichts, was ihr nicht essen oder trinken dürft. Entscheidet nach EUREN Bedürfnissen. Gesund ist nicht das, was uns vorgegeben wird. Förderlich ist es, unseren inneren Bedürfnissen zu folgen. Wenn wir wüssten, was in den als gesund angepriesenen Produkten alles steckt. Da könnten wir gleich einen Pappkarton zu uns nehmen. Wir kommen darauf noch zurück.

Was können wir ändern?

So, wie sich Manager über Geld definieren, scheinen sich etliche Menschengruppen über ihr Essen zu definieren. Das ist jedoch nicht nötig.

Treffen wir besser als Erstes eine klare Entscheidung, dass wir ab sofort wieder auf unseren Körper hören und ihn entscheiden lassen, was in jeder Hinsicht förderlich für ihn ist. Teilt ihm das deutlich mit und handelt danach. Fühlt in ihn hinein. Er gibt euch die Botschaft. Wenn ihr dabei konsequent seid, stellt er sich nach einiger Zeit wieder um. Zählt nicht die Kalorien, packt euch nicht in Watte, verunstaltet ihn nicht.

Lasst ihn natürlich altern. Schreibt ihm nicht vor, wie er eurer und der Meinung der Gesellschaft nach aussehen sollte. Jeder hat seinen Körper für dieses Leben frei gewählt. Viele Menschen aber wollen ihn so nicht. Glaubt ihr, dass er dann damit glücklich sein kann? Akzeptiert es auch, wenn er ein „Krankheits"-symptom produziert. Er tut es für euch!

Zeigt ihm eure Liebe für das, was er für euch ununterbrochen leistet. So wird er auch die *Neue Energie* gerne aufnehmen und es leichter haben.

Sprecht mit eurem Körper. Er versteht euch ausgezeichnet, auch wenn ihr ihn noch nicht so versteht. Was ihr eurem Körper mitteilt, geht unmittelbar in jede Zelle, weil der Körper eins ist mit sich.

Lasst den Körper machen, greift nicht ständig ein, kontrolliert ihn nicht ständig. Vertraut ihm wirklich, nicht halbherzig! Er lässt auch sein ganzes Herz für euch schlagen!

Unser Leben besteht aus Darstellungen

Bevor ich Möglichkeiten aufzeige, wie sich die *Neue Energie* in ihrer wundervollen Kreativität darstellen kann, möchte ich noch den Blick auf etwas Wesentliches richten und euch dafür sensibilisieren, so weit ihr nicht schon bereits darauf achtet. Einen großen Teil unserer Erfahrungen verdanken wir unseren bewussten Zielsetzungen und Entscheidungen. Jedoch erleben wir daneben ständig Szenen, die wir nicht bewusst herbeigeführt haben.

Wie kommen sie zustande, und warum tauchen sie überhaupt auf?

Lösen wir uns auch hier gleich von der Vorstellung, irgendeine höhere Instanz oder das Umfeld trage hierfür die „Schuld".

Aus göttlicher Sicht hat es Schuld nie gegeben. Diese haben wir Menschen kreiert, besonders Institutionen, die Macht ausüben wollten. Jedoch gibt es Gesetze der Anziehung, der Resonanz, der Kausalität usw. Wir selbst legen den Grundstein für das, was uns im Leben begegnet, bewusst und unbewusst. Unser inneres Ich unterstützt uns dabei, verabredungsgemäß zu unseren Zielen zu gelangen. An höchster Stelle stehen dabei unsere mit auf die Erde genommenen Ziele, einen bestimmten Grad an Bewusstheit zu erlangen. So werden wir immer wieder darauf aufmerksam gemacht. Wir sind es also selbst, die wir uns mit Ereignissen und Hinweisen beschenken.

Wozu soll uns das veranlassen? Darüber nachzudenken, es zu verinnerlichen, die Botschaften unseres Inneren zu entschlüsseln. Die DARSTELLUNG im äußeren Geschehen als Darstellung zu akzeptieren und für uns zu deuten. Jede Darstellung kann richtungsweisend sein. Je sensibler wir dafür werden und den jeweiligen tieferen Sinn darin entdecken, desto rascher und leichter werden wir uns entwickeln.

Ein Beispiel:

Du hast einen Autounfall. Jemand fährt dir in die Fahrerseite. Dein Auto ist schrottreif. Was hat das zu bedeuten? Dein realistischer Verstand spricht: Der andere Verkehrsteilnehmer hat mir die Vorfahrt genommen. Nach Recht und Gesetz muss er mir den Schaden ersetzen. Korrekt.

Was würde dir aber dein Inneres jetzt gerne sagen? Überleg einmal, warum du diesen Crash angezogen hast?

Wie bitte? Ich, angezogen? Ich konnte doch gar nicht so schnell reagieren, wie der andere auf mich zugerast kam.

Jaja, das stimmt ja auch, und nur so konnte dich die längst fällige Botschaft erreichen. Alle anderen Hinweise und Warnungen hast du die ganze Zeit über ignoriert. So brauchte es eine Eskalation. Dein Verstand hat dennoch kein Einsehen? OK, ich schlüssele es jetzt einmal für dich auf:

Realität ist Realität, und zugleich verbirgt sich eine Symbolik darin. Diese gilt es zu entschlüsseln. Dein Auto steht symbolisch für deine Mobilität im Leben, für dein Vorwärtskommen. Im Augenblick bist du durch den Crash daran gehindert und hast so die Möglichkeit, dir Gedanken zu machen, mit welcher Art von Einstellung und Vorgehensweise du in Zukunft erfolgreicher zum Ziel kommst.

Näheres hierzu verrät uns jetzt der Schaden am Auto.

Haha, da muss ich aber lachen, was für ein Blödsinn!

Ja, eine blöde Geschichte, die aber Sinn macht: Die linke Seite (wie auch bei unserem Körper) ist unsere emotionale Seite, rechts ist die Verstandesseite. Dir ist nun jemand in deine linke, in deine emotionale Seite gefahren und hat dich aus dem Verkehr gezogen. Und jetzt schau bitte, wo dieser Vorgang sich in deinem realen Leben spiegelt. Wer erdrückt vielleicht deine Gefühle? Wer fährt dir im Leben damit in die Seite? Und nicht erst seit gestern. Ein Unfall ist immer eine Notbremse. Es geht schon eine geraume Weile so, und das sollte jetzt reichen. Du solltest etwas dagegen unternehmen, es nicht mehr zulassen, deutlich machen, dass du dies so nicht mehr mitmachen wirst.

Nun bin ich aber platt! Wenn ich ehrlich bin, stimmt das tatsächlich. Aber das ist sicher jetzt ein Zufall.

Es gibt keine Zufälle – es gibt energetische Gesetzmäßigkeiten, und alles steht miteinander in Zusammenhang.

Der Vollständigkeit halber erwähne ich noch die andere Variante einer Interpretation dieses Autounfalls: In der Polarität haben wir immer zwei Betrachtungsmöglichkeiten, und wir sollten immer auch die andere Seite beleuchten. Hierfür wäre die Frage zu stellen, ob ich selbst mit zu viel Emotion anderen Menschen Schaden zufüge…

Wir können es drehen und wenden, wie wir wollen, alles ist eine Darstellung für uns. Alles ist sinnvoll und dient uns, im Leben und im Bewusstsein ein Stück weiterzukommen. Es zieht sich durch alle Lebensbereiche, wir sollten nichts ausklammern. Je eher wir diese Zusammenhänge miteinbeziehen, desto einfacher wird es für uns im Leben.

Ein besonderer Impulsgeber ist unser Körper.

Dazu gibt es inzwischen hinlänglich Literatur. Die Sprache unseres Körpers sollten wir nicht missachten. Wenn sich ein Organ deutlich meldet, gilt es, die Botschaft ernstzunehmen. Wenn wir das auf Dauer vernachlässigen, eskaliert es auch hier. Besser einen Autounfall zum Anlass nehmen, etwas zu verändern, als eine Nierenkolik zu bekommen. In unserer Sprache stecken ja bereits eine Menge Hinweise, die bei der Deutung helfen, wie zum Beispiel: „Es geht mir an die Nieren, es schlägt mir auf den Magen, ich will dir was husten, eine Laus läuft mir über die Leber, mir kommt die Galle hoch, ich hab so einen Hals", und vieles mehr.

Wie können wir diese Sensibilität steigern, wie lernen wir das Interpretieren?

Achtsam sein. Die Bereitschaft haben, es wahrzunehmen. Dann die Konsequenz an den Tag legen, die Botschaften umzusetzen. Wissen reicht nicht, ich muss es umsetzen. Wenn ich damit beginne, unterstützt mich mein inneres Ich weiter. Es geht dann einfacher. Wir lernen durch die jeweiligen Erfahrungen. Es werden uns Botschaften erreichen, die wir schneller entschlüsseln können. Unser Gefühl hilft uns dabei am stärksten. Egal, worum es im Leben geht, der erste Impuls trägt immer die Lösung in sich. Unmittelbar danach greift bereits unser Verstand ein, und dann wird es schwierig für uns, dem Gefühl den Vorrang einzuräumen. Je mehr wir aber auf diese ersten Impulse hören, desto feiner wird unsere Intuition, und neue Wahrnehmungsmechanismen werden sich einstellen.

Und hier sind wir wieder bei unseren Sinnen angekommen, die eine immer wichtigere Bedeutung einnehmen werden. Die *Neue Energie* wird sich freuen und diese Einladung gerne annehmen!

☆☆☆

Die Neue Energie stellt sich vor

Hallo, meine Liebe, hallo, mein Lieber,

ich freue mich, dass du mich bewusst und mit viel Herzklopfen in dein Leben eingeladen hast. Dafür danke ich dir! Gerne möchte ich mich dir zeigen. Ich nehme dich vollständig wahr, mit all deinen vielen unterschiedlichen Aspekten, die gemeinsam deine so umfassende Persönlichkeit bilden. Ich sehe dich in deiner ganzen Pracht und Großartigkeit, und besonders in deiner Einzigartigkeit. Wenn du dich ebenso sehen könntest, würdest du nach Luft ringen, du könntest es nicht glauben. Oder kannst du dich noch an dein Engeldasein erinnern? Als Kind warst du diesem Engel sehr nahe, mit all deiner Unschuld. Nach und nach hast du die menschliche Natur angenommen und bist dadurch in einen großen Abstand zu dir selbst gekommen. Aber das war so ausgemacht, es gehörte dazu.

Ich möchte dich als Erstes an Folgendes erinnern:

Alles, was dir in der nächsten Zeit begegnet, wird dir wieder deine Einzigartigkeit und wo du herkommst aufzeigen. Es wird kein Erinnern sein, so, wie dein Verstand es kennt. Du wirst es als ein inneres Wissen wahrnehmen, auf deine eigene Weise. Und wenn es sich einstellt, dann zweifle nicht daran. Denn wenn DU zweifelst, halte ich ein wenig inne.

Wie ich mich dir präsentiere?

Tja, das weiß ich selbst noch nicht. Es hängt von dir ab und wie du dein Leben erfahren möchtest. Ich kann dir den Rat mitgeben: Behalte die Bereitschaft bei, alles zuzulas-

sen, was sich dir in Zukunft zeigen wird. Sei offen. Urteile so wenig wie möglich über das, was dir begegnet. Erwarte nicht, wann und wie ich mich an deinem Leben beteiligen werde. Ich kenne keine Wiederholungen. Meine Natur ist die Unendlichkeit, das ewig Neue, immer nur das Jetzt.

Quantität ist mir wenig wichtig, dafür umso mehr die Qualität. Wenn es dient, kann aus Qualität dann sehr viel werden, mehr, als du dir das vorstellen kannst. Also frage nicht nach Mengen, aber drehe dich auch nicht um, wenn sie dir unerwartet geboten werden.

Frage auch nicht nach der Zeit, ich existiere nicht in dieser Dimension der Zeit.

Ich werde dir häufig in deinen Träumen erscheinen. Das kannst du aber allenfalls fühlen. Vertraue ab sofort deinen Impulsen, die du von innen bekommst. Diese Impulse können sich auch über deinen Körper bemerkbar machen.

In der nächsten Zeit wirst du nachts in deinen Träumen auf das Neue vorbereitet. Da ich keine Zeit kenne, kann ich dir auch nicht sagen, wie lange die Vorbereitung dauern wird. Es ist ein Prozess, der wiederum nur von dir abhängt. Es gibt sicher Menschen, die ihr Leben lang warten. Das mag an ihren Vorstellungen liegen, wie sich etwas darstellen muss.

Ich kenne kein Muss. Ich bin pure Kreativität, die nur nach einem strebt: höchstes Erfüllt-sein, Ausdehnung, neu, neu, neu, neu!

Also, wenn sich in deinem Leben etwas wiederholt, habe ich nichts damit zu tun.

Ich respektiere dich voll und ganz, auch deine Wünsche, werde aber nur mitmachen, wenn ich darin neue Perspektiven sehe.

Was du dafür noch tun kannst?

Magst du mich hier und da begrüßen? Das registriere ich ausgesprochen gerne.

Aber erinnern brauchst du mich nie an deine Wünsche. Wunscherfüllung ist nicht mein Ding. Darin stecken so viele Vorstellungen von dir, und diese würden mich begrenzen. Ich kenne keine Grenzen, weiß nicht, was das ist. Daher kann ich auch keine konkreten Wünsche erfüllen. Aber ich nehme alles wahr, was du fühlst und wo du stehst. Ich weiß um deine Ziele und habe nur das eine für dich: die kreativsten Lösungen für deine Lebenswege. Um diese kannst du mich immer bitten. Und dann lebe dein Leben.

Halte es einfach, lass das Komplizierte weg. Zerdenke nicht ständig alles, kontrolliere nichts. Gehe von der Mühelosigkeit aus. Ich habe mit nichts Mühe, also mühe du dich auch nicht ab. Wenn du annimmst, etwas sei schwierig, kann ich dir nicht dienen.

Bist du grundsätzlich bereit, alles anzunehmen und dich über alles zu freuen? Auch über Kleinigkeiten?

Warte nie auf etwas. Es wird dann nicht kommen können, jedenfalls nicht von mir.

Jetzt schalte besser ab und genieße den Moment.

Wo und wie hat sich uns die Neue Energie bereits gezeigt?

Erste kleine Beispiele

Ich fange einmal mit mir an. Als ich die *Neue Energie* vor einigen Wochen noch einmal bewusst eingeladen habe, an meinem Leben teilzunehmen, ist gleich die Sicherung unseres Stromnetzes durchgeschlagen. Sie war dadurch sogar unbrauchbar geworden und musste durch eine neue ersetzt werden. Interessanterweise setzte der Elektriker uns gleich eine mit höherer Absicherungskapazität ein. Das war schon mal ein super Start!

Dann ging ich zur Bank, um eine Einzahlung zu machen und Geld abzuheben. Es war sehr voll, und ich überlegte, wieder hinauszugehen. Aber ich stellte mich der Situation des Wartens. In diesem Augenblick erfolgte die Kundenabwicklung plötzlich ungeheuer rasant. In wenigen Augenblicken waren beide Schalter der Bank frei, und ich wurde gefragt, ob ich Geld einzahlen oder abheben wollte. Der eine Schalter sei zum Abheben und der andere zum Einzahlen. Ich wolle beides, sagte ich. OK. Das bekam ich jetzt zu meiner Verblüffung auf noch nie dagewesene Weise. Die Damen der beiden Schalter bedienten mich synchron, links zahlte ich ein, während mir rechts der gewünschte Geldbetrag ausgehändigt wurde. Und schwupp war der Spuk vorbei. Berührt und motiviert lief ich nach Hause.

Am Nachmittag hatte ich Schreibarbeiten am PC zu erledigen, E-Mails zu beantworten usw. Ich war nicht ganz mit meiner Aufmerksamkeit dabei, machte öfter Gedankensprünge. Und da wunderte ich mich, dass der PC plötzlich Zeilensprünge machte, haha – mir war doch früher schon aufgefallen, dass mein Computer immer mehr meine Zustände und auch meine Absichten aufnehmen und darstellen konnte. Manchmal war er mir sogar voraus. Ich hatte bereits richtig vermutet, dass unsere Energien stark miteinander verbunden waren. Es ist wohl so, und die *Neue Energie* war ebenso dabei. Hat ihr sicher Spaß gemacht!

Viele von euch haben bestimmt schon verstärkt erlebt, dass einzelne elektrische Geräte verrückt gespielt haben, ausfielen oder eigenartige Störungen verursachten. Batterien waren plötzlich leer oder hielten anhaltend lange.

Bei uns wurde zum Beispiel letztes Jahr die Gasflasche für den Gasherd nicht leer. Seit mehr als einem halben Jahr kochten wir mit Gas, obwohl die Flasche durch den regelmäßigen Verbrauch längst hätte leer sein müssen. Ich wollte die Sache überprüfen und jeden Tag kontrollieren, ob das so bleiben würde. Das machte die *Neue Energie* dann aber nicht mit und entfernte sich von dieser Geschichte wieder. Gleich danach war die Flasche leer.

Sehr vielen Menschen hat diese Energie bereits schöne Bescherungen bereitet, doch nur den Wenigsten ist es bislang aufgefallen. Oder sie haben es nur merkwürdig gefunden und mit dem Kopf geschüttelt.

In den meisten Fällen beginnen sich die Dinge im Kleinen zu bewegen. Es ist ja eine Übergangszeit erforderlich, und die Menschen sollen nicht überfordert werden. Die Angemessenheit zu berücksichtigen, gehört daher sicher ebenso zu den Schöpfungsbeiträgen der *Neuen Energie*. Es dient zugleich der Schulung unserer Aufmerksamkeit in immer feinere Bereiche hinein.

Wie wirken jetzt unsere Gedankenkräfte? Welche Auswirkungen haben unsere Emotionen?

Bereits in der alten Energie haben wir damit materialisiert. Unsere Gedanken und Emotionen sind starke Kräfte. Immer mehr Menschen stellen jetzt fest, dass sich die Wirkungen dieser Energien beschleunigen, besonders die emotionalen. Wenn wir sie nicht gezielt störungsfrei bündeln und einsetzen, können sie uns auch schaden. Die *Neue Energie* wird nicht polarisieren und für uns filtern. Für sie wird es keine guten oder schlechten Ziele geben.

Schon ein geringer Energieeinsatz wird sich verstärkt auswirken. Also achtet sehr genau darauf, was ihr denkt und wie ihr fühlt. Die Anziehung verstärkt sich zunehmend, egal, worauf ihr eure Aufmerksamkeit lenkt. Wollt ihr zum Beispiel etwas unbedingt verhindern, werdet ihr es umso stärker und schneller anziehen.

Wie kommen wir dann damit klar?

Ganz einfach, indem wir unserer Klarheit ab sofort besondere Beachtung schenken. Je klarer die Entscheidungen sind, die wir treffen, und dabei in einer entschiedenen Haltung bleiben, umso klarer kommt es zu uns zurück. Zweifel bringen nur Zweifelhaftes in unser Leben.

Also stets die Fragen stellen: Was möchte ich wirklich? Wozu soll es mir dienen? Welche Lebensqualität möchte ich damit erreichen? Die Fragen sollten essenziell sein. Stellt euch dabei wirklich vor, wie sich das Ergebnis anfühlen wird, geht hinein! Mit ganzem Herzen, mit Leidenschaft und Entschiedenheit. Übt es im Kleinen täglich, damit ihr auch im Großen nicht zweifelt, dass es gelingt.

Es wird nicht mehr reichen, wenn ihr nur positiv denkt. Ihr müsst es klar fühlen. Wenn ihr einerseits positiv denkt, andererseits aber noch immer innerlich das scheinbar Negative ablehnt, werdet ihr die Erfahrung machen, dass ihr weiterhin in der Polarität gefangen bleibt und genau das anzieht, was ihr vermeiden wollt.

Klarheit heißt in diesem Sinne auch, nichts abzulehnen, nichts zu verurteilen, nur klar zu entscheiden, was ihr wirklich mit ganzer Freude wollt.

Ich teile mit euch die Erfahrung, dass dies höchste Aufmerksamkeit verlangt, immer tieferes Einfühlen und gewiss nicht von heute auf morgen absolut zu integrieren ist.

☆☆☆

Unser Körper

Wenn die *Neue Energie* eine Verbindung mit uns eingeht, bleibt unser Körper nicht außen vor.

Die alte Energie schwingt polar. Hierauf hat sich alles aufgebaut, und der Körper ist noch voll darauf eingestellt. Jede Zelle schwingt mit den anderen mit, selbst bei Störungen, die öfter auftreten. Jetzt ist die *Neue Energie* dazugekommen. Sie bewegt sich nicht in der bekannten polaren Weise, gleicht sich also nicht einfach an und schwingt in unserem Rhythmus mit. Dennoch möchte sie sich einbringen.

Nun haben wir bereits festgestellt, dass dies eine größere Umstellung für unseren Körper bedeutet. Er reagiert nervös, gereizt, oft sogar geschwächt, weil er dagegen noch ankämpft. Das Kämpfen verstärkt sich, wenn wir mit unserem Verstand die körperliche Umstellung abwehren wollen. Deshalb gebe ich euch hier einige wertvolle Tipps für den Umgang mit eurem Körper:

Beobachtet, wie sich der Körper verändert, und überlasst es ihm, sich auf die *Neue Energie* einzustimmen. Diese hat nur Ausdehnung als Ziel, also kann sie euch nicht schaden. Nur wenn ihr dagegenhaltet, können schmerzhafte Symptome oder eklatante Störungen auftreten. Also bitte keine Waffen dagegen setzen. Ihr werdet euch später gesünder, jünger und fitter wahrnehmen, leichter und beschwingter. Euer Körper wird regenerieren, neue Kräfte bekommen und sich ausgedehnter fühlen. Eure Sinne werden sich erweitern, ja, sogar Organe können sich erneuern.

Die Immunität nimmt zu. Die Immunität vieler Körper ist durch die ständige Einnahme von Antibiotika und auch von zu vielen Nahrungsergänzungsmitteln nicht gestärkt, sondern unterm Strich sogar geschwächt worden. Vielen fällt es schwer, das zu glauben. Sie vertrauen immer noch lieber der Pharmaindustrie und denen, die den Markt beherrschen, und werden dadurch selbst beherrscht. Durch alle diese übertriebenen Einnahmen verlernt der Körper, sich selbst zu stärken, und verweichlicht. Nahrungsergänzung kann immer mal vorteilhaft sein, aber nur als vorübergehender Anreiz für den Körper, der sonst irgendwann seine Selbstheilungskräfte aufgeben wird. Wenn ihr einen Muskel nicht mehr trainiert, erschlafft auch er. So kann es mit allen euren Zellen geschehen, wenn sie ihre eigenen Kräfte nicht mehr einsetzen dürfen.

Wenn ihr auf euren Körper eingeht, wird sich euer Essverhalten wahrscheinlich verändern. Deshalb ist es von Vorteil, wenn ihr euch von alten Konzepten, was wertvoll ist und was nicht, löst. Fühlt jetzt in euch hinein, um die Bedürfnisse des Moments wahrzunehmen.

Erste Beispiele dazu:

Wie war das neulich mit DIR, Gabriele? Keinen Appetit über Tage, und dann kam das große Fressen. Inzwischen hat sich vieles verändert. Du isst nur noch, wenn du Appetit hast, und auch nur so viel, wie du magst und was du magst. Und wie fühlt sich das an für dich? Super und gelöst.

Und DU, Bettina? Du hattest einige Tage, in denen du ebenfalls völlig von deinen Gewohnheiten abgekommen warst. Deine Esslaunen veränderten sich im Minutentakt, und du wusstest nicht, wie dir geschah. Es war turbulenter als während all deiner Schwangerschaften. Und nun hat sich alles neu eingependelt, aber nicht in eine neue Pendelregelmäßigkeit, nein, einfacher, ungezwungener, ohne gleichbleibenden Rhythmus.

DU, Horst, warst früher gereizt, wenn das Essen nicht pünktlich auf dem Tisch stand oder nicht klar vorgegebene Speisen aufgetragen wurden. Inzwischen kannst du das loslassen, es ist Vergangenheit.

Ich habe für mich festgestellt, dass sich mein Appetit dem Hunger auf das Leben selbst anpasst. Beobachtet es doch bei euch einmal verstärkt. Nehmt ihr mit neuen Leidenschaften am Leben teil, entwickelt sich auch mehr Leidenschaft für das Essen, ohne dass ihr euch überfresst. Eure Gelüste können sich vervielfachen, und trotzdem esst ihr nur das, was ihr im Moment braucht, oder scheidet mehr als sonst aus. Euer Kochen verändert sich, ihr würzt anders. So spiegelt sich die neue Würze in eurem Leben, in dem, was ihr auch eurem Körper mit Freude an Kost gebt.

Es werden Reinigungsprozesse in Gang gesetzt, und die meisten von euch sind bereits mittendrin. Euer Körper spiegelt eure geistige Erneuerung.

Daniela berichtet: Ich träume die letzte Zeit aufwühlender, schwitze öfter stark, meine Körperausscheidungen riechen anders, manchmal habe ich dreimal am Tag Stuhlgang. Im Moment fühle ich mich nicht sehr wohl dabei, sondern komme mir vor wie in einem neuen Waschprogramm.

Klaus übt derzeit das Loslassen, das eigentlich in seinem Kopf stattfinden sollte. Sein Verstand will an alten Gewohnheiten festhalten. So gibt es Tage, an denen sein Darm durch sein Stuhlverhalten dieses Festhalten spiegelt. Dafür bekommt er dann wiederum urplötzlich Durchfall, der nicht aufhören will. Wie kann er das jetzt für sich deuten? Er steckt voll in der Polarität über sein Denken. So schubst die eine polare Darstellung so lange die andere an, bis ein neuer Fluss kommen darf. Darm = Denken, Vergangenheit, Loslassen alter Geschichten und Vorstellungen, neue Entscheidungen…

Da ist Klaus nicht der Einzige. Ihr könnt es über Vertrauen in das, was zu euch kommen möchte, neu zum Fließen bringen.

Viele von euch stellen fest, dass sie nicht mehr in den gewohnten Rhythmen schlafen. Es macht euch Kummer.

Sorgt euch nicht! Der Körper braucht nicht mehr unbedingt sieben oder acht Stunden Schlaf an einem Stück. Das wird ihm zu viel, macht ihn sogar eher wieder schlapp. Physisch und psychisch sind zwei kürzere Schlafphasen eventuell günstiger. Dies wird mir inzwischen von immer mehr Menschen bestätigt.

Selbst wenn das für viele nachvollziehbar ist, glauben sie dennoch, ihr Körper müsse unbedingt diesen regelmäßigen Schlaf haben. Wollt ihr ihn zwingen, wehrt er sich. Lasst ihn so sein, wie er es will. Steht auf, wenn ihr um 3 Uhr nachts plötzlich hellwach seid, und tut Dinge, wofür ihr sonst keine Zeit habt. Und wenn ihr mal nur zwei Stunden schlaft und die nächsten Nächte ebenso, dann lasst auch das zu. Vertraut euren Zellen, dass sie sich rascher regenerieren als bisher.

Rachels Augenfarbe hat sich verändert. Aus einem Braun ist ein helles Blau geworden, was sie nicht fassen kann.

Haben nicht etliche von euch bemerkt, wie klar eure Augen inzwischen sind? Nein? Dann schaut mal in den Spiegel, schaut euch tief in die Augen und seht, was sich nach einigen Minuten sonst noch so darin zeigt. Macht das ruhig mal, und ihr werdet euch wundern!

Bettina bekam neulich „ganz große Augen“, als sie ihre Brille abnahm und sich danach keine Veränderung im Sehvermögen einstellte. Sie hatte das todsichere Gefühl, die Brille noch auf der Nase zu haben. Selbst als sie sich die Augen rieb, weil sie es nicht glauben konnte, hielt dieser Zustand noch eine Weile an.

WICHTIG: Gehen wir nicht davon aus, dass sich alles Neue gleich dauerhaft manifestiert. Dafür ist unser Glaube vielleicht noch nicht stark genug. Wir bauen uns aber durch solche kleinen, für uns unvorstellbaren Geschehnisse immer weiter auf.

Auf körperliche Veränderungen kommen wir in diesem Buch immer wieder aufs Neue zu sprechen. Es ist buchstäblich HAUT-nah und sehr spannend.

☆☆☆

Weitere Beispiele, wo wir die Neue Energie bereits wahrgenommen haben

Soeben machte Bettina wieder eine neue Erfahrung am PC, als sie etwas eingeben wollte. Als ihr Finger direkt über der betreffenden Taste schwebte, führte ihr Freund, der PC, es bereits von selbst aus. Sie war richtig entzückt, zumal es sich noch einige Male widerholte.

Solche Dinge werden sich noch öfter zeigen, weil die energetische Verknüpfung von uns Menschen zur Computer-Intelligenz immer intensiver wird. Es sind schöne alltägliche Beispiele, die auffallen und Spaß bereiten. Sie tauchen wie nette Spielchen plötzlich auf und verwirren uns ein wenig. Hieran können wir aber lernen, zu beobachten und zu glauben, dass mehr dahinter steckt.

Zwischendurch möchte ich einflechten, dass alle Beispiele, die hier geschildert werden, nicht von jedem erlebt werden müssen und auch nicht können. Die *Neue Energie* dehnt immer nur die individuelle Entwicklung des Einzelnen aus, an den anderen Menschen orientiert sie sich dabei nicht. Wartet also nicht darauf, dass ihr das Gleiche erlebt, sondern beobachtet euch immer wieder selbst.

Reiner machte letzte Woche vor dem Einschlafen eine kleine Übung, und er schildert, was er erlebte.

In meiner Vorstellung lief ich einen langen Gang entlang, an dem links und rechts viele Türen offenstanden.

*Es waren alles Türen meiner Potenziale. Am Ende des Gangs stand ich dann vor einer sehr großen Tür, die vorher noch nicht dagewesen war. Sie hatte die Aufschrift „**Neue Energie**“. Ich machte sie auf und klemmte sie gleich fest, damit sie aufblieb. Dann ging ich hindurch und fand mich in etwas für mich nicht Vorstellbarem wieder. Worte finde ich dafür nicht. Bei meinem Bemühen, mich darin zu orientieren, geriet ich in einen anderen Bewusstseinszustand, in dem ich neue, andersartige Bilder und Gegebenheiten wahrnahm. Immer wenn ich etwas davon näher betrachten und greifen wollte, war es wieder außerhalb meiner Wahrnehmung.*

So ging es eine ganze Weile, die mir wie eine Ewigkeit vorkam. Schlussendlich schlief ich dabei ein. Am Morgen wachte ich mit einem unglaublichen Traum auf, der sehr klar war. In diesem stand ich vor einer Treppe, die nach oben führte. Als ich hochschaute, nahmen die Stufen aber kein Ende, sie reichten bis in den Himmel. Ich versuchte dennoch, das Ende zu erspähen, was mir aber nicht gelang. Dafür erlebte ich, wie plötzlich vom Himmel Wasser die unendlichen Stufen nach unten lief und mich vollständig umhüllte, ohne dass ich unterging. Es fühlte sich sehr angenehm an, und ich begann, auf dem Wasser zu schweben. Alles war so leicht. Den ganzen Tag empfand ich diese Leichtigkeit. Jeder Stress hielt sich von mir fern, und ich fühlte mich sehr glücklich. Am nächsten Tag wollte ich dann wieder in diesen Zustand, was mir aber nicht gelang. Aber es war ein Erlebnis, das ich so vorher noch nie hatte…

Du wolltest mit dem Kopf wieder dort hinein, es sollte sich wiederholen. Nun, zerbrich dir diesen Kopf jetzt nicht weiter. Genieße die Momente und freue dich im Nachhinein weiter über das Erlebte. Vielleicht war es ein Durchbruch für dich.

Für euch alle: Eure Träume beinhalten große Schlüssel für jeden von euch. Die meisten davon sind höchst individuell und nicht in den Traumdeutungsbüchern dieser Individualität interpretiert.

Achtet aber zusätzlich auf neue Schlüssel, neue Symbole, neue Bilder und welche Assoziationen sich dabei über eure Gefühle zu eurer Realität ergeben. Dem Verstand ist es leider noch nicht möglich, die vollständigen Lösungen zu finden. Die linke Gehirnhälfte ist noch nicht ausreichend entwickelt. Aber ihr werdet merken, dass sich auch euer Denken verändern wird.

Bei Paul hat die Vergesslichkeit in letzter Zeit sehr zugenommen, und er sorgt sich darüber, denkt an Alzheimer und Demenz. Sein Umfeld suggeriert ihm, er entwickle sich bereits in diese Richtung. Sie schlagen ihm Hirnjogging vor, damit sich dieser Zustand nicht ausdehnt.

Lieber Paul, kannst du dir vorstellen, dass deine Vorstellungen zu kompliziert sind und du das Leben zu stark vom Verstand angehst? So hält jetzt dein Inneres dein Gedächtnis ein wenig kürzer, damit du davon abrückst und dich mehr den Gefühlen und den schönen Momenten des Lebens widmen kannst. Du warst sicher auch sehr verantwortungs- und pflichtbewusst in deinem Leben. Jetzt steht auch für dich das Spielerische auf dem Plan. Also genieße die schönen Dinge des Lebens.

Was die *Neue Energie* damit zu tun haben könnte? Nun, sie möchte sich mit Paul wie mit vielen anderen Menschen verbinden. Die Vorstellung hindert die meisten Menschen noch daran, sich für etwas vollkommen Neues zu öffnen. Für sie ist es schwierig. Viele Menschen machen derzeit diese Erfahrung.

Mir ergeht es ebenso. Wenn ich eine Erinnerung vom Verstand abrufen möchte, hakt es immer öfter. Deshalb bemühe ich mich gar nicht weiter. Stattdessen gehe ich in das Gefühl und empfinde nach, wie ich damals die Situation wahrgenommen habe, unverkrampft und locker. In den meisten Fällen kommt dann die Erinnerung.

Rechte und linke Gehirnhälfte möchten immer mehr eine Balance eingehen. Ihr könnt das unterstützen, indem ihr das gewohnte starke Denken nicht mehr überbetont.

Für die *Neue Energie* ist ja auch alles neu, um es einmal menschlich auszudrücken. Sie selbst ist neu, und sie orientiert sich ununterbrochen neu auf dieser Erdenbühne. Auf der Neuen Erde geht das alles schon viel leichter.

Vorschlag von mir: Besucht doch einmal diese Neue Erde. Entscheidet euch vor dem Einschlafen dafür, verbindet es aber nicht mit einer Erwartung. Viele von euch sammeln dort bereits neue Erfahrungen, die sie dann in der irdischen Realität schon leichter umsetzen können.

Kollektive Darstellungen

Verlassen wir zwischendurch einmal die individuellen Erfahrungen und schauen kurz in größere Geschehnisse.

In den letzten ein bis zwei Jahren gab es auf der Erde vermehrt Ausfälle der Stromnetze, von denen viele in der Tat veraltet sind. Sie sollen die Energie befördern, die dann bequem aus der Steckdose kommt. Inzwischen aber geht es nicht nur um einen höheren Strombedarf, der die Netze überlastet, sondern auf der Erde erfolgt eine allgemeine Anhebung der Energie. Da es sich nicht nur um eine Schwingungserhöhung handelt, wie viele es bereits verstehen, sondern um eine grundsätzlich neue Kapazität, fallen symbolisch auch dort Stromnetze aus, wo es eigentlich nicht geschehen dürfte. Das gibt den Fachleuten verständlicherweise Rätsel auf.

Sind euch die häufigeren Eisenbahnunglücke aufgefallen? Wie würdet ihr das deuten?

Wozu dienen Eisenbahnen? Wozu dient ein Streckennetz? Um welche Strecken handelt es sich?

Übertragen wir es einmal auf die geistige Ebene. Träumen wir nicht sogar des Öfteren von Eisenbahnen?

Die Streckennetze geben uns die Möglichkeit, auf bisher vorgegebene Routen mit der Bahn zu unseren Zielen zu gelangen. Jetzt aber liegen neue Ziele vor uns, und was können die starren alten Gleise? Sie führen auf den alten Wegen zu den alten Zielen. Was spiegelt sich also hier? Worauf machen diese Unglücke aufmerksam? Neue Ziele, neue Wege!

Flugzeugunglücke und Defekte an Flugzeugen nehmen zu. Was kann das bedeuten?

Das Fliegen ist Ausdruck unserer Freiheit, unserer Leichtigkeit und auch unserer Unabhängigkeit. Schauen wir jetzt einmal, wo wir hier unsere Grenzen noch mehr öffnen könnten. Die Freiheit in vielen Staaten dieser Erde möchte sich weiter ausdehnen, wird aber in vielen Systemen noch mit Macht verhindert. Jede Machtstruktur blockiert Ausdehnung. Beobachten wir dabei auch uns: Freiheit hat viele Facetten. Sind wir alle frei, selbst hier in den Ländern, wo Freiheit so groß geschrieben wird?

Setzen wir uns dennoch ruhig in eine Eisenbahn, steigen wir ins Flugzeug. Es wird dem nichts passieren, der die Bereitschaft hat, sich für neue Entwicklungen zu öffnen, denn unsere innere Führung leitet uns. Viele der Verunglückten haben sich auf der unbewussten Ebene entschieden, an diesen Manifestationen teilzunehmen, auch aus persönlichem Interesse. Als Kollektiv aber zeigen sie auf, worum es geht. Unsere übergeordneten Ziele haben wir alle gemeinsam beschlossen. Und so werden wir an diese Gemeinsamkeit erinnert.

Was hat die *Neue Energie* damit zu tun, ist sie an diesem Geschehen beteiligt? Ihre energetische Natur ist seit ihrer Existenz Teil der Erde. Dadurch löst sie neue Entwicklungen mit aus. Mehr und mehr Menschen verspüren Impulse für Veränderungen. Das treibt sie an, und auf unbewusster kollektiver Ebene treffen sie die Entscheidung, sich gemeinsam für diese neuen Ziele einzusetzen.

Übrigens, heute ist der 21.12.2012, der Tag, an dem unsere Welt untergehen sollte. Stattdessen scheint die Sonne. Es hat sich noch nicht einmal der Himmel verfinstert. Wollten wir nicht Ausdehnung, als wir alle die *Neue Energie* miterschufen? Ist dann Platz für ein Ende?

Mehr Globales später.

☆☆☆

Wieder zurück ins Kleine

Wenn der Akku meines Handys am letzten Strich angekommen ist, lade ich ihn gewöhnlich auf, spätestens jedoch, wenn das Piepzeichen ertönt. Mein Akku zeigte bereits vor drei Tagen an, dass er fast leer ist, ich reagierte aber nicht darauf. Unbewusst? Ich hatte das Handy auch nicht für die Nächte ausgestellt. Bislang piept es noch nicht einmal. Langsam wundere ich mich wieder, oder soll ich sagen: Langsam wundert mich gar nichts mehr? Na, dann warten wir doch noch mit dem Aufladen. Egal, wie lange er seine Energie noch aufrechterhält, ich freue mich einfach.

Esther, Bettinas Nichte, erzählt gerade voller Freude, dass sie unverhofft zwei freie Tage geschenkt bekommen hat. Sie arbeitet als Krankenschwester im Spital, und ein solches Geschenk ist normalerweise unvorstellbar, denn die Einhaltung des Dienstplans hat oberste Priorität. Nun sind die Schichtdienste aber sehr anstrengend, und sie wünschte sich einfach nur, über die Weihnachtsfeiertage ein wenig Zeit für sich und die Familie zu haben. Und nun ist ihr plötzlich dieser unausgesprochene Wunsch erfüllt worden…

Unsere Telepathie weitet sich aus!

Bereits in der alten Energie war Telepathie nichts Ungewöhnliches oder gar Unvorstellbares. Menschen, die in einer besonderen Beziehung zueinander standen, spürten oft, was der andere dachte oder fühlte.

Das weitet sich inzwischen zunehmend aus. Durch die immer höher werdende Sensibilität unserer inneren Sinne nehmen wir immer stärker auf, was in unseren Mitmenschen vorgeht. Viele von euch berichten, dass sie nicht mehr nur mit engsten Vertrauten eine solche Beziehung haben, sondern vermehrt mit anderen Menschen, mit denen sie in Kontakt kommen.

Nun sind wir an einem sehr wichtigen Punkt angekommen: Wir können davon ausgehen, dass wir ebenso immer stärker das Kollektiv wahrnehmen. In der jetzigen Übergangszeit können wir lernen, all dies zu unterscheiden. Oft projizieren wir schnell etwas auf uns, was nicht unbedingt etwas mit uns zu tun hat. Wir nehmen es nur wahr! Ja, wir nehmen dadurch das Leid unserer Mitmenschen wahr, denn unser Mitgefühl ist ebenfalls enorm gestiegen. Aber mitleiden müssen wir nicht.

Wie können wir nun unterscheiden, ob eine Wahrnehmung sich direkt auf uns bezieht, eine Bedeutung für uns hat, eine Botschaft in sich trägt oder nicht?

Der Schlüssel ist unsere Emotionalität!

Wenn wir in einer Konfrontation Emotionalität entwickeln, ob im Kleinen oder im Großen, stehen wir mit diesem Ereignis in Resonanz.

Die unangenehmen Emotionen wie Ärger, Wut, Zorn, Hass, Enttäuschung usw. zeigen dabei unsere eigenen Schwächen auf. So ist es von der Natur unserer Emotionalität auch vorgesehen.

Wenn diese sich einstellen, haben wir die große Chance, uns selbst darin wiederzufinden und aufzudecken, wo wir noch nicht in der Balance sind. Dadurch können wir uns weiterentwickeln, wobei uns das Resonanzgesetz hilft.

Wie gehen wir hier am Einfachsten erfolgreich vor?

Nehmen wir einmal an, wir fühlen uns genervt, weil uns jemand im Straßenverkehr die Vorfahrt nimmt. Hier könnten wir uns jetzt die Frage stellen, wo wir in unserem Alltag andere nicht zum Zug kommen lassen…

Können wir das bejahen, wäre die entscheidende weitere Frage, welcher Mangel in uns dahintersteckt. Um diesen Mangel geht es eigentlich, zum Beispiel häufig um den Mangel an Selbstwert, Eigenliebe und dergleichen. Im umfassenden Sinn gibt es eigentlich keinen Mangel, alles ist heil – so, wie es ist. Dennoch habe ich es des besseren Verständnisses wegen so formuliert.

Wenn wir das, was wir noch nicht leben, jetzt erkennen, kommen wir uns selbst ein gutes Stück näher.

Das können wir ebenso auf kollektive Ereignisse übertragen. Regen wir uns über Gewalt im Fernsehen auf, kann uns das darauf aufmerksam machen, dass wir im Kleinen Gewalt ausüben oder an uns zulassen. Gewalt kann sich auf vielfache Weise darstellen. Es muss nicht immer rohe Gewalt sein. Psychische Gewalt, Übergriffe jeder Art, selbst Bevormundungen gehören dazu.

Wir sollten immer mehr von den Bildern der Darstellung abrücken, dann fällt es leichter zu lernen, die Essenz zu sehen und zu fühlen.

Sind wir durch Geschehnisse nicht emotional mitgenommen, stehen wir außen vor und fühlen nur den Schmerz im Mitmenschen. Das sollte aber nicht zum Mitleiden führen. Wir können nicht für alle anderen die Verantwortung übernehmen. Nächstenliebe ja, Leid übernehmen nein.

Unsere stärker werdenden Wahrnehmungen machen uns jetzt intensiver auf solche Zusammenhänge aufmerksam. Deshalb ist es wichtig für uns zu lernen, unsere Gefühle zu unterscheiden.

Über das Resonanzgesetz und dessen Anwendung könnten wir jetzt einige Kapitel füllen. Es gibt aber schon genug Bücher darüber.

Vorgestern Abend erlebten wir etwas sehr Berührendes. Wir hatten innerhalb der Familie intensive Gespräche. Nebenbei lief ein Radioprogramm mit wunderschöner Musik und kurzen Ansagen. Schon nach zehn bis fünfzehn Minuten fiel uns auf, dass zwischen unseren Gesprächen und der Radioausstrahlung eine Synchronizität ablief. Was wir sagten, hoben die Texte in der Musik und in den Ansagen immer noch einmal hervor, es wurden sogar zum Teil dieselben Worte benutzt. Auch die Stimmung dabei war stets identisch. Das ging eine ganze Zeit so und war so auffallend, dass wir uns fragten, was hier wohl im Spiel war…

Ja, im Spiel! Das ist ein wichtiges Stichwort. Betrachten wir das Leben doch öfter als Spiel. Nehmen wir die Dinge spielerischer, leichter. So kommen wir und die *Neue Energie* einander näher, bis wir mehr und mehr miteinander verschmelzen.

Ich mache noch einmal darauf aufmerksam, dass die einen oder anderen Geschehnisse sicher auch in der alten Energie schon aufgetreten sind. Es muss nicht alles gleich neu sein. Aber die Häufigkeit und Intensität solcher Darstellungen bis hin in Unvorstellbarkeiten werden immer auffälliger, und dahinter steckt die sich ausdehnende *Neue Energie*.

Inzwischen haben mich neue Berichte und Anfragen erreicht, die ich hier einflechten möchte:

Dorothea: *Ist es normal, dass ich so müde wie selten zuvor bin? Ich könnte ohne Ende schlafen. Schon mittags würde ich mich gerne wieder hinlegen.*

Da bist du nicht die Einzige. So, wie jetzt Menschen nur wenig Schlaf brauchen, gibt es andere, die sich danach sehnen. Wir haben ja noch die Polarität. Und bevor sich etwas neu einstellt, schlägt oft das Pendel weiter aus als gewöhnlich. Was sich dann bei jedem bezüglich des Schlafverhaltens ergibt, ist wohl kaum vorhersehbar.

Bei allen Dingen stellt sich die Frage: Muss sich überhaupt noch etwas auf ein bestimmtes Niveau einpendeln, um dann dort zu verharren? Ich glaube, dass es so nicht mehr sein kann. Stellen wir uns besser immer nur auf das ein, was sich gerade zeigt. Erwarten wir in der *Neuen Energie* einen anhaltenden, wenn auch neuen Zustand, werden wir sicher enttäuscht sein.

Werner: *Ich wache öfter morgens mit Kopfschmerzen auf, was früher sehr selten vorkam. Gehört das jetzt dazu?*

Möglich ist, dass du in dieser Zeit nachts sehr stark arbeitest. Das kann ungewohnt sein, besonders wenn du im Alltag eher ein Realist bist und viel Kopfarbeit leistest.

Bei den Menschen ist eine große Umstellung im Gange. Die verdrängte weibliche Seite in uns Männern und auch Frauen klopft fest an die Tür. Das Intuitive, das Gefühlvolle in uns möchte stärker gelebt werden. Der menschliche Verstand hat sich eine große Dominanz erschaffen. Mit diesem Verstand ist es kaum möglich, die neuen Entwicklungen zu erfassen und zu integrieren. Also werden in vielen Menschen neue Anpassungen vorgenommen, wobei das Gehirn sehr beansprucht und neu strukturiert wird.

Peter: *In letzter Zeit habe ich ständig Knieprobleme. Ich treibe aber keinen Sport, habe mich nicht verletzt und stelle keinerlei Fremdeinwirkung fest. Ich bin erst 45, Verschleiß kann das ja wohl noch nicht sein, oder?*

Dieses Symptom tritt inzwischen sehr häufig auf.

Grundsätzlich geht es bei den Menschen darum, die im Inneren gewählt haben, ihr Bewusstsein in dieser Epoche stark weiterzuentwickeln, diesen Weg dann auch zu gehen. Die *Neue Energie* ist natürlich auf der Bühne und verstärkt alle Prozesse. Die Knie geben uns die klare Botschaft: Beuge dich vor deiner Entwicklung, die du selbst gewählt hast. Zusätzlich: Beuge dich grundsätzlich vor allem, was sich zeigt, auch davor, wie andere Menschen ihr Leben leben, richte über nichts mehr. Das bedeutet für viele eine große Umstellung in ihrem Denken, Mitfühlen und Verständnis.

Es häufen sich Anfragen und Berichte zu Kindern. Bei ihnen stellen sich vermehrt größere Verhaltensänderungen ein. Ich möchte dieses wichtige Thema später gesondert anführen. Warten wir dazu noch weitere Beiträge ab. Unsere Kinder liegen uns sehr am Herzen, und sie brauchen besondere Aufmerksamkeit, Beachtung, Geborgenheit, Verständnis und Liebe.

Andrea: *In letzter Zeit habe ich sehr zugenommen. Ich esse aber weder mehr, noch habe ich irgendwelche psychischen Probleme. Ich wüsste auch nicht, dass ich irgendwelche Ängste hätte.*

Beobachte dies einmal weiter, in diesem Fall ruhig über einen längeren Zeitraum, ob es sich wieder verändert. Berichte in sechs Wochen noch einmal.

Gewichtsveränderungen sind keine Seltenheit. Sie können aber unterschiedliche Ursachen haben. Hier können noch häufig alte Glaubensmuster mitschwingen. Grundsätzlich ist das für sehr viele Menschen ein Thema. Der Glaube „du bist, was du isst“, spielt uns in fast allen Fällen noch in die Karten. Hinzu kommt, dass sich hier meistens ein Schutzbedürfnis ausdrückt. In der Übergangszeit können diese Glaubensüberzeugungen nochmals zu Manifestationen führen, um uns darauf aufmerksam zu machen, dass wir sie entlassen können. Ich will aber auch nicht ausschließen, dass Andrea eine vorübergehende unbewusste Abwehr gegen neue Entwicklungen ihres Bewusstseins aufbaut.

Heiner: *Ich bin gegen viele Speisen allergisch. Hilft mir die Neue Energie dabei, das wieder abzubauen?*

Interessante Frage! Warum nicht?

Allergien drücken häufig eine unbewusste Abwehr gegen etwas im Leben aus. Wogegen wir eine Abwehrhaltung einnehmen, zeigt sich in dem Stoff oder Nahrungsmittel, der/das uns nicht bekommt.

Jemand ist zum Beispiel gegen Pollen allergisch. Was könnte das für eine Botschaft sein? Pollen sind Fruchtbarkeitsträger. Hier wehrt sich dieser Mensch gegen eine Art von Befruchtung im Leben, gegen eine Erneuerung. Das kann sich auf vieles beziehen, insbesondere auf die Sexualität, die Partnerschaft usw. Da wir dabei nießen, kann es ebenso andeuten, dass wir von dem jetzigen Zustand die Nase voll haben.

Lade bewusst die *Neue Energie* ein, dich darauf aufmerksam zu machen, wogegen du wirklich allergisch bist, und dir zu helfen, diesen Abwehrmechanismus aufzuheben. Wenn du die Allergie durchschaust und sie annimmst, ist der Weg dafür frei. Und dann mache folgende Übung: Konfrontiere dich mit dem Stoff, der dich bisher hat allergisch reagieren lassen. Teste es. Zeige deine Bereitschaft zur Veränderung! Und wundere dich nicht!

Marlies: *Wie kann ich mich jetzt am besten auf die Neue Zeit vorbereiten? Was ist förderlich, was hinderlich? Muss ich dafür meine Vergangenheit aufarbeiten und abschließen?*

Diese Frage wird immer wieder gestellt. Sie bewegt viele Menschen, und ich möchte sie so klar wie möglich beantworten.

Die meisten von uns waren in den letzten Jahren mit ihren sogenannten Aufarbeitungen beschäftigt, manche bewusst, viele unbewusst. Vieles haben wir während des Schlafs umgesetzt. Besonders das Jahr 2012 war ein Jahr des Abschließens. Wer das starke Bedürfnis hat, er müsse sich die Themen der Vergangenheit noch einmal ansehen, um sich freier zu fühlen, möge das noch einmal kurz tun. Ich empfehle, sich aber dann rasch von der Vergangenheit zu verabschieden. Wir müssen auch kein neues Karma aufbauen. Von diesem Gedanken sollten wir uns ebenfalls lösen. Wir leben in einer Neuen Zeit, und die *Neue Energie* möchte uns auf unserem Weg nach vorne unterstützen. Warum also immer wieder zurückblicken? Irgendwann wird Rückschau hinderlich. Im höheren Sinn gibt es keine Schuld, alles ist bereits abgesegnet. Das heißt nicht, dass es egal ist, was wir tun. Aber ich empfehle, jetzt einmal diesen großen Schritt zu machen. Wenn wir sterben, machen wir auch einen Schnitt.

Insofern stellt euch vor, ihr sterbt jetzt einmal kurz und gebärt euch im selben Körper wieder. Macht diese Übung wirklich einmal ganz bewusst, mit Entschiedenheit, und fühlt euch dann frei. Fühlt euch wie ein neugeborenes Kind. Seid neugierig, wie sich das Leben präsentieren wird. Wacht jeden Tag in dieser kindlichen Freude auf und fragt euch: Was machen wir heute Schönes?

Was gestern war, ist Vergangenheit.

Menschen, die sehr linear, rational denken, können sich damit nur schwer anfreunden. Sie sind der Meinung, dass man die Vergangenheit nicht ungeschehen machen kann. Ihnen möchte ich sagen: Ihr müsst es nicht. Ihr seid frei in allen euren Entscheidungen. Wenn ihr fortan wählt, die Welt weiterhin so zu betrachten, dann tut es. Ihr schaut euch euer Leben nach dem Tod sowieso noch einmal an und wertet es für euch aus. Niemand wird euch hineinreden. Ihr wechselt nach dem Tod so oder so die Perspektive, und euer Verstand wird dann nicht mehr dabei sein, um irgendetwas nach rationalen Gesichtspunkten zu beurteilen. Diese Chance hättet ihr bereits jetzt, aber es bleibt jedem selbst überlassen, sie wahrzunehmen.

Stichwort „Zeit":

Petra: *Mir läuft das Zeitgefühl weg. Oft weiß ich nicht mehr, welchen Tag wir haben. Was vor einer Woche war, fühlt sich an, als sei es gestern geschehen. Ist das Alterung?*

Keine Alterung im früheren Sinn. Die Qualität der Zeit verändert sich zunehmend. Wir erleben anders und empfinden intensiver, besonders wenn wir wirklich leben und nicht nur der Gedankenarbeit verfallen sind. Jede kleinste Abwechslung im Alltag, jedes Fühlen im Moment, jede Begeisterung für etwas Neues, Kreatives, gewinnt nun eine solch hohe Qualität, dass dies unmittelbar das Zeitempfinden subjektiv beeinflusst. Und nun schau einmal, was du alles in der „letzten Zeit" durchgemacht und erlebt hast...

Ursula: *Mein Blutdruck steigt bei den kleinsten Aufregungen unverhältnismäßig hoch an. Was mich früher kaum belastet hätte, wirkt sich heute sehr stark aus. Geht das wieder vorbei?*

Auch das gehört zu den Umstellungen, die sich körperlich bemerkbar machen. Grundsätzlich solltest du jetzt keine Angst aufbauen, denn diese würde das Ganze noch verstärken. Du siehst daran, dass du dir keinen unnötigen Druck machen solltest. Übernimm zum Beispiel nicht mehr so viel Verantwortung für andere. Nimm dir nichts zu Herzen, was nicht zu dir gehört. Setze dich nicht unter Zwang. Nimm deine Erwartungen zurück. Gönne dir Zeit für Entspannung. Räume dir mehr Abwechslung ein für die schönen Dinge des Lebens. Stelle Lebensqualität oben an, auch wenn gewisse Verpflichtungen bleiben werden.

Lothar: *Es scheint etwas dran zu sein, dass die Elektrizität anders funktioniert. Logisch vorstellen kann ich mir das zwar nicht, aber in letzter Zeit gehen auffallend häufig die Glühbirnen bei mir kaputt.*

Vielleicht hat es mit dir persönlich etwas zu tun, es gibt ja keine Zufälle. Es könnte um dein Licht gehen, um deine eigene Erleuchtung. Gehe dem einmal nach. Sicher stößt du dabei auf neue Möglichkeiten, etwas Licht ins Dunkle zu bringen. Interessiere dich für neue Ideen, Perspektiven und Sichtweisen. Wenn das Licht ständig in einem bestimmten Raum ausgeht oder in ein und derselben Ecke, dann könnte man über die Feng-Shui-Gesetzmäßigkeiten exakt sagen, in welches Lebensthema du mehr Veränderung bringen solltest. Wenn die Lampen überall betroffen sind, sind grundsätzliche Bewusstseinsveränderungen bei dir angesagt.

Ich habe nun einige Beispiele aufgeführt, und es zeigt sich, dass die Entwicklung in der *Neuen Energie* wirklich in einer Übergangsphase steckt. Die Anpassungsprozesse scheinen noch zu überwiegen, aber es zeigt sich bereits viel Neues. Es muss nicht bei jedem Menschen erst alles zu Bruch gehen, es muss nicht jedem schlecht dabei gehen. Aber wenn solche Geschehnisse, körperliche Symptome und gewisse Schwierigkeiten auftauchen, stellt für euch fest: Aha, es verändert sich etwas bei mir, es sind neue Entwicklungen im Gange. Dinge verabschieden sich, der Körper reagiert, die Sinne reagieren, mein Umfeld reagiert. Nichts schönreden. Nehmt es aber als deutlichen Hinweis, dass ihr dadurch weiterkommen werdet.

Kleinere Geschichten

Renate: *Gestern fuhr ich noch schnell mit dem Auto zu einem Supermarkt. Nach meinem Einkauf konnte ich das Auto nicht mehr bewegen. Ich bekam keinen Gang mehr rein. Unvorstellbar. Bis dahin funktionierte die Gangschaltung reibungslos. Ich probierte alles aus, aber es tat sich nichts.*

Ratlos stieg ich aus. Was jetzt? Wen soll ich anrufen, wer kann mir helfen? Der Wagen muss doch irgendwie in Gang kommen, dachte ich, und peng, tauchte in mir die Frage auf: Kann es sein, dass ich selbst nicht „in die Gänge komme"?

Auweia, das war es dann wohl, alles in mir schlug plötzlich Alarm. Lange schon hatte ich mir angewöhnt, Dinge die mir auffielen, zu hinterfragen. Und in der Tat, es gab da etwas, bei dem ich mich nicht traute, mit ganzem Einsatz dahinterzustehen. Ich habe heilerische Fähigkeiten und hatte mir immer vorgenommen, diese den Menschen kundzutun, aber mir fehlte der letzte Mut dazu…

Und nun kam mein Auto nicht in Gang, um es mir ganz deutlich zu signalisieren. Ich war platt und ließ mich in den Fahrersitz fallen. Gut, dachte ich, seufzte laut und sprach lautzu mir: „OK, ich gebe mir jetzt diesen letzten Ruck und werde loslegen…"

Ich drehte den Zündschlüssel, um zu starten. Ach, was machte ich denn? Das Auto war doch kaputt! Schon wollte ich es wieder ausmachen, um zu telefonieren, da durchzuckte es mich, es noch einmal zu probieren. Erster Gang

– nichts. Zweiter Gang – nichts. Ich gab nicht auf. Dritter Gang – hoppla, abgewürgt! Noch einmal dritter Gang, Kupplung langsam kommen lassen, da ging es, der Gang war drin, ich fuhr. Juppi, ich fuhr! Mit viel Gewürge und Gestottere schaffte ich es bis nach Hause. Ich konnte das alles kaum glauben.

„So, Renate, übermorgen wird der Wagen repariert, und dann geht es los!“ Klar und entschieden kamen diese Worte jetzt über meine Lippen.

Sandra: *Hier mein Beitrag, was uns in der letzten Zeit besonders aufgefallen ist: Die meisten Veränderungen sind bei uns innerlich zu spüren. Ein Teil hat mit der Zeit zu tun, alles fließt mehr ineinander, es sind keine Unterbrechungen mehr da oder nur kaum, das „Zeitgefühl“ ist nur noch peripher vorhanden.*

Mein Mann Juan, ein paar gute Freunde und ich spüren die Rückbesinnung auf das Wesentliche im Leben. Was ist wirklich wichtig? Oder dass man Situationen voraussehen kann. Besuche von Verstorbenen und einer unserer Katzen von früher, die Juan und ich auch in dieser Wohnung wahrnehmen können. Bei mir hat sich irgendwie die Schwingung verändert. Ich nehme die Energien viel stärker wahr, vor allem in dem Geschäft, in dem ich arbeite. Ich mag es nicht mehr, wenn viele Leute um mich sind.

Mein Musikgeschmack hat sich ebenfalls verändert. Ich kann nichts mehr mit Rock und lautem Sound anfangen, sondern liebe die leisen, zarten Töne. Das sind unsere Beobachtungen. Mal sehen, wie es weitergeht.

Rainer: *Zu meinen Erfahrungen: Am 21.12.2012 habe ich die Neue Energie in mein Leben eingeladen, morgens früh auf dem Balkon. An diesem Tag ist meine Autobatterie kaputtgegangen, obwohl sie am Tag zuvor noch einwandfrei funktioniert hat. Nichts, kein Mucks mehr, aus, kaputt!? Auch nehme ich seit Wochen immer wieder Gerüche wahr, die nicht zur jeweiligen Situation passen. Zum Beispiel riecht es plötzlich mitten auf der Autobahn nach Essen in meinem Auto oder nach Schweiß, obwohl ich alleine fahre und auch frisch geduscht bin.*

Ich schlafe seit Monaten sehr schlecht; wie du schreibst, bin ich nachts um 3 Uhr wach. Am Anfang habe ich mich gequält, rumgewälzt usw. Jetzt stehe ich auf, lese, trinke Kaffee oder meditiere…

Ich fühle mich auch seit Monaten am Wohlsten, wenn ich alleine bin und Zeit für mich habe. Es ist komisch, aber ich kann manchmal andere Menschen um mich herum kaum noch ertragen – schon gar nicht, wenn nur über oberflächliche Dinge gesprochen wird. Manchmal denke ich, ich bin nicht normal, aber mein Herz sagt mir, dass ich eben allein sein möchte, vor allem allein in meiner Wohnung…

Ania: *Gerne gebe ich euch einen privaten Einblick. Dafür muss ich zunächst in meine Vergangenheit:*

Vor ungefähr 20 Jahren, als ich mit Bewusstwerdung noch nicht viel am Hut hatte, befand ich mich in einer heftigen Lebenskrise. Geplagt von schweren Depressionen und Selbstmordgedanken, bereitete ich mich vor, mich von dieser Welt zu verabschieden. Einschlafen, die Schmerzen nicht mehr ertragen zu müssen... einfach weg.

An diesem Morgen wurde ich gegen sieben Uhr plötzlich wach, weil sich mein Fernseher eingeschaltet hatte. Erstaunt schaute ich auf den flimmernden Bildschirm, der zweite Blick galt der Fernbedienung, die weit entfernt von mir auf dem Schränkchen lag, sodass es nicht möglich war, dass ich aus Versehen den Fernseher eingeschaltet hatte. Wieder starrte ich den schwarz-weiß verschneiten Bildschirm an, hörte das Summen und überlegte, wie das passieren konnte.

Auf einmal hörte das Summen auf, totale Stille, und dann hörte ich eine wunderbare Frauenstimme, die mich bei meinem Lieblingsvornamen nannte, den nur sehr wenige Menschen kennen, und mich anflehte: „Hilf mir!"

Ich lag fassungslos da, erstarrt vor Furcht. Dennoch fragte ich mit leiser Stimme, wer sie sei. Ich bekam keine Antwort, hörte nur eine Art von sonderbaren, aber wunderschönen Klängen. Jetzt bemerkte ich, dass mein Körper gelähmt war vor Angst. Panikartig, ich weiß nicht wie, erwachte ich aus der Lähmung, sprang aus dem Bett und rannte aus dem Zimmer.

Die wenigen Menschen, denen ich danach hiervon erzählte, konnten mir dafür keine Erklärung geben. Erst meine über alles geliebte Mutter stellte die Frage: „Vielleicht warst du es selbst?"

Vielleicht war es so. Jedenfalls nahm ich mein Leben neu in die Hand und begann mich für überirdische Dinge zu interessieren, bis mir Folgendes widerfuhr:

Ich heiße Anna-Elisabeth und war bis vor zwei Jahren genauso ein Mensch wie ihr, als mir in einem bewusstseinserweiternden Zustand klar wurde, dass ich ein Engel-Mensch bin. Es ist schwierig, dieses Erlebnis zu beschreiben. Es hat dazu geführt, dass ich mich mittlerweile in verschiedenen Dimensionen bewegen kann. So, wie ihr es in euren Träumen tut, kann ich mich auch tagsüber anderswohin versetzen. Ihr nennt es vielleicht Tagträumen, aber das ist es nicht. Ich schwebe bei meinen Reisen, fliege schwerelos wie ein Vogel in der Luft. Dabei erfahre ich mich in den anderen Dimensionen immer wieder neu.

Ich möchte euch nur mitteilen, dass es nichts Festes gibt, es ist nur das System, das wir Menschen angenommen haben, um in der Dreidimensionalität vorübergehend zu leben. Wir sind alle Engel-Menschen. Über meine Erfahrungen werde ich ein Buch schreiben.

Hier finden wir die Übereinstimmung mit unseren Experimenten auf der Neuen Erde, die wir nach und nach auch hier auf der alten Erde integrieren. Ein schönes Beispiel!

Christine T.: *Gerne möchte ich berichten, wie bei mir die Neue Energie wirkt: Ich war am 21.12.2012 in Belize bei den Pyramiden in Altun Ha. Dort verbanden wir uns bewusst in einer Pyramide mit der Neuen Energie. Die Energie stellte sich mir sodann in einem Bild dar: die Erde mit fünf magnetisch aufgeladenen Dimensionsschichten, die sich um die Erde herum gebildet und energetisch gewirkt* *haben und es noch tun. Diese Energie ist sehr kraftvoll und voller Power. Wie ein Magnet.*

Nun kann ich in der Neuen Energie Folgendes machen: Wenn ich ein altes, von vergangenen Erfahrungen belas-tetes Gefühl umwandeln möchte, benenne ich es und lege eine neue Matrix darüber, die das enthält, was vorher an Potenzial gefehlt hat. Dann dehne ich mich in dieser Matrix aus.

Beispiel: Ich möchte alte Wut in Gelassenheit und inneren Frieden umwandeln. So lege ich die neue Matrix wie ein Netz um mein gesamtes Sein. Dann dehne ich mich darin aus. Meiner Wahrnehmung nach ist danach die alte Energie aufgelöst, und eine neue Frequenz hat sich gebildet. Früher war bei solchen Übungen das alte Thema nicht völlig eliminiert, jetzt schon. Jedenfalls kommt nichts mehr hoch. Ich fühle mich auch befreit. Wenn ich die Dinge vielleicht nicht so exakt vermitteln kann, weil es ja mit Gefühlen zu tun hat, spüre ich das alles deutlich. Und darauf kann ich mich verlassen.

Ich finde das super beschrieben. Die fünf Dimensionsschichten machen noch einmal deutlich (auch wenn es sich nur um ein Bild handelt), dass es mittlerweile um den sogenannten Aufstieg in die Fünfte Dimension geht, die von der *Neuen Energie* mitgetragen wird.

Weitere kollektive Erfahrungen

Ständig wächst die Zahl der Phänomene, die wissenschaftlich nicht er- und aufklärbar sind. Besonders hervorheben möchte ich hier einmal Krankheiten.

Lasst uns vorweg grundsätzlich zum Begriff und zum Inhalt der sogenannten Krankheiten eine erweiterte Sichtweise einnehmen:

Aus universaler Sicht ist alles heil, so, wie es ist. Jeder Zustand unseres Körpers oder unserer Psyche entspricht einem bestimmten Bewusstsein, in dem wir uns jeweils befinden. Wie innen, so außen. Unser Körper und unsere Psyche spiegeln stets unsere Gedanken, Sorgen, Ängste, Unausgewogenheit, Belastungen, Glaubensüberzeugungen usw. Sie spiegeln auch, auf welchem Weg in Richtung Lebensziele wir uns befinden.

Betrachten wir „Krankheiten" als von innen gesteuerte Maßnahmen, die in sich eine Botschaft tragen. Viele dieser Maßnahmen schränken uns ein. Durchleuchten wir diese Einschränkungen, kommen wir der Botschaft auf die Spur. Wie bereits aufgeführt, gibt es hierzu genügend Literatur, die Symptome aufschlüsselt.

Interessant wird es, wenn Massenphänomene oder Symptome auftreten, die von den Wissenschaftlern nicht erklärbar sind. Diese tragen nicht nur für den betroffenen Menschen eine Botschaft, sondern dienen der Menschheit als Hinweis, sich in eine neue Richtung zu entwickeln.

Ein Beispiel:

Seit einiger Zeit wird das Phänomen „Mukoviszidose" als häufigste erbliche Stoffwechselkrankheit beschrieben. Die Wissenschaft steht vor einem Rätsel, spricht von einem „genetischen Defekt" und stuft es als anormal ein. Die Symptome ähneln unter anderem Keuchhusten, Asthma und Bronchitis. Als Folge eines „Fehlers" im Bauplan der Zellen werden alle körpereigenen Sekrete eingedickt produziert. Ein zäher Schleim verklebt besonders die Lunge und auch die Bauchspeicheldrüse. Die Kraft zum Atmen fehlt zum Schluss gänzlich. Besonders betroffen waren von Beginn an Kinder, inzwischen aber ebenso Erwachsene. Den Genforschern ist noch kein Durchbruch gelungen, die Krankheit gilt bis jetzt als unheilbar.

Ich habe gerade dieses Beispiel gewählt, weil sich die Thematik, die dahinter steht, in letzter Zeit verstärkt darstellt und kollektiv nach Beachtung drängt.

Im Grunde sind es zwei Thematiken: zum einen die Botschaften der Symptome, zum anderen die Notwendigkeit eines völligen Umdenkens in der Wissenschaft.

Für ihre bisherige fantastische Arbeit können wir den Forschern nur danken! Das ist hervorzuheben! Wenn sie jetzt an einem Punkt angekommen sind, an dem es in der Materie mit den bekannten Methoden nicht mehr viel zu untersuchen und zu entdecken gibt, könnte dies bedeuten, dass die Lösungen auf einer anderen Ebene liegen. Dieser Auffassung schließen sich inzwischen immer mehr Wissenschaftler an. So werden neue, grenzüberschreitende Erfahrungen gemacht.

Zu unserem Fall: Mukoviszidose wird als eine Erbkrankheit eingestuft, die Genforscher aber kommen nicht weiter. Könnte hierin die Aufforderung liegen, grundsätzlich neues Licht in die sogenannte Vererbung zu bringen? Was heißt es eigentlich, wenn ein Mensch etwas von seinen Vorfahren mit auf die Welt bringt?

Ähnlichkeiten sind nie zufällig, sie sind ebenso auf einer höheren geistigen Ebene bewusst gewählt worden, um als Vergleichsmöglichkeit, als Spiegelung zu dienen. Wenn Kinder Eigenschaften ihrer Eltern in sich vorfinden, können sich Eltern und Kinder besser orientieren, worum es in ihrem Leben geht. Immer geht es um Bewusstwerdung. Das ist **keine** Fehlkonstruktion unserer Zellen. Wenn jemand ein musikalisches Talent geerbt hat, spricht hier doch auch niemand davon. Aber so lange wir Krankheit und Vererbung nicht neu definieren und als höchste schöpferische Weisheit anerkennen, werden wir immer öfter mit neuen unlösbaren Fällen konfrontiert werden.

Diese Fälle sollten uns bewegen, Schöpfung an sich neu zu betrachten.

Nun hat ein Kind Mukoviszidose. Was könnte das jetzt alles bedeuten?

Eltern und Kind haben ähnlich gelagerte Themen, mit denen sie sich in ihrem Leben auseinandersetzen müssen. Wenn wir uns die Symptome anschauen, liegen diese Themen in den Bereichen Freiheit, Begrenzung und Entgrenzung (Lunge, Atemwege), Liebe geben und nehmen (Asthmaähnlichkeit) sowie Lebensfreude und Lebenssüße (Bauchspeicheldrüse). Ich belasse es einmal bei diesen wesentlichen Zusammenhängen. Diese aufgezählten Eigenschaften zeigen sich als zäher Schleim, es fließt wenig davon mit Leichtigkeit. Es entsteht sogar ein täglicher Kampf darum. Kampf hilft aber auch nicht weiter. Freiheit, Liebe, Lebensfreude durch Kampf? Zuletzt fehlt buchstäblich die Kraft zum Atmen, die Organe haben sich aufgegeben.

Unsere Kinder sind unsere Lehrer. Wenn sie solche Symptome haben, ist auch für uns Erwachsene eine deutliche Botschaft darin enthalten. Insofern ist es an der Zeit, sich dessen einmal bewusst zu werden. Als Massenphänomen zeigt es darüber hinaus für viele Menschen deutlich auf, mit welchen Themen sie sich selbst einmal auseinandersetzen sollten. Es ist doch kein Zufall, dass es um Freiheit, Entgrenzung, aber auch um das Setzen von Grenzen geht, dass es um Liebe geben und nehmen geht und das Thema Lebensfreude viel mehr in den Mittelpunkt rücken möchte. Wollen wir diese Themen mit Medikamenten bekämpfen?

Natürlich ist es wichtig, alle erdenklichen Maßnahmen zu ergreifen, um diesen „erkrankten" Menschen zu helfen, absolut! Aber wer erklärt uns den tieferen Sinn dieser Phänomene? Wer zeigt auf, um welche Entwicklungen es eigentlich geht? Und wer ist bereit, dem zu folgen?

Die auf Ausdehnung ausgerichtete *Neue Energie* wird viele Zusammenhänge weiter an die Oberfläche bringen. Beobachten wir und hinterfragen es dann.

Interessant ist in diesem Zusammenhang auch, dass in den letzten Jahren verstärkt in allen Lebensbereichen viel mehr aufgedeckt und der Öffentlichkeit bekannt wird.

In immer mehr Undurchsichtigkeit kommt Klarheit. Unser Blick für Manipulationen wird geschärft.

Vielleicht finden wir nun vermehrt Klarheit, warum wir eine Schuldenkrise haben?

Im Kleinen greift diese Krise ja bereits seit langem um sich. Nun zeigt sie sich deutlich im Großen, um auf ein zentrales Thema aufmerksam zu machen, das wir über Jahrtausende mit uns schleppen: „Schuld".

Ich möchte keine finanztechnische Erklärung abgeben, sondern in die Essenz von Schuld einsteigen.

Gibt es einen Zusammenhang zwischen ethisch-moralisch-religiöser Schuld und finanzieller Schuldenkrise? Wenn ja, wie können wir das greifbar machen?

Es waren vorrangig Institutionen, die wir alle kennen und die aus Machtgründen die Menschen schuldig gesprochen haben. Diese prinzipiell ausgesprochene Schuld hat sich im Laufe der Menschheitsgeschichte in allem wiedergefunden, bis ins Kleinste. Anstatt von Ursache und Wirkung zu sprechen und die Dinge in diesem Zusammenhang einzuordnen, wird ein Mensch schuldig gesprochen. Hierbei schwingt immer diese Ur-Schuld mit, die wir bekanntermaßen in uns tragen sollen. Wir brauchen nicht alles aufzuzählen, wo der Schuldbegriff überall im Spiel ist und seine Macht ausübt.

Nebenbei bemerkt, es hat uns doch bereits jemand von unserer Schuld befreit. Aber das ist wohl nicht deutlich genug in das Bewusstsein der Menschheit eingeflossen.

Dieses Schuldprinzip ist so alt wie Methusalem, und in einem neuen Bewusstsein wird es sehr hinderlich.

Nun haben wir die große Schuldenkrise. Jetzt werden nicht nur einzelne Menschen wie Schuldige an den Pranger gestellt, nein, jetzt gerät Schuld in einen neuen kollektiven Fokus. Hierin liegt aber die Riesenchance für uns alle, zu lernen, anders damit umzugehen. Staaten bekommen einen Schuldenerlass. Jeder einzelne Mensch könnte diesen auch bekommen, vielleicht nicht überall als finanziellen Erlass, aber als Befreiung von seiner „Ur-Schuld". Wie?

Durch Bewusstwerdung. Jeder, der unter der Last eines Schuldenbergs leidet, sollte sich hinterfragen, warum er diesen angezogen hat. Es war ja eine innere Wahl daran beteiligt. Es geht weniger um die Fälle, bei denen jemand bewusst eine finanzielle Hilfe in Anspruch nimmt und sie mühelos abtragen kann, sondern um die, bei denen die Schuldenlast nicht bewältigt wird. Hier stellt sich die Frage: Wo wird diese „Erbschuld" nicht abgetragen, wie tief sitzen diese Menschen in ihrer vermeintlichen Schuld, in Schuldgefühlen und allem, was damit zu tun hat? Tief im Inneren haben sie gewählt, sich mit dem grundsätzlichen Thema „Schuld" auseinanderzusetzen.

Wenn jetzt einigen Staaten ihre Schulden in gewissem Umfang erlassen werden, wirkt dies psychologisch auch auf die sogenannten kleinen Leute. Sie werden innerlich aufbegehren, so lange sie wieder das Nachsehen haben und nicht aus ihrer Schuldenklemme herauskommen. Diese Entwicklung bleibt abzuwarten. Sicher liegt hier ein längerer Prozess vor uns Menschen. Aber wie wir sehen, ist in das Thema Freiheit auch eine große politische Bewegung gekommen.

Die Neue Energie leichter zur Entfaltung kommen lassen

Ihr habt ja die *Neue Energie* eingeladen, an eurem Leben teilzunehmen. Vielleicht habt ihr bereits die eine oder andere Veränderung gespürt. Möglicherweise haben sich Dinge ereignet, die Fragen aufgeworfen haben. Bleibt weiterhin in einer Haltung der Erwartungslosigkeit. Seid aufmerksam und neugierig. Begrüßt die *Neue Energie* mit Freude. Haltet es unkompliziert. Es soll einfach ablaufen. Achtet auch auf Kleinigkeiten. Nach und nach werden sich eure Sinne wandeln und eure Wahrnehmungen verändern.

Was könnt ihr als Nächstes für euch tun? Wodurch könnt ihr unterstützen, dass die *Neue Energie* weiter und leichter zur Entfaltung kommen kann? Was stemmt sich vielleicht noch dagegen?

Ein größeres Hindernis könnte noch euer Verstand sein mit seinen vielen Denkmustern und Glaubensüberzeugungen davon, wie etwas auf der Erde funktioniert und wie nicht. Auch euch nicht bewusste Einstellungen gehören dazu. In eurem Unterbewusstsein lagern noch genügend alte Mechanismen, die nicht so leicht für euch zu erkennen sind. Ich definiere das Unterbewusstsein als „Ablage", als Keller, wo wir Erfahrungen hingeschoben haben, die uns nicht jeden Moment präsent sein müssen. Aber hiervon gehen eben weiterhin Einflüsse aus. Hierin liegt eine Kraft, die neuen Entwicklungen entgegenstehen kann.

Unser inneres Ich dagegen hält unsere tiefen Absichten, die wir einst für uns getroffen haben, immer aufrecht. Es führt uns, auch ohne dass es uns bewusst ist, hin zu unseren Zielen, holt uns immer wieder dort ab, wo wir gerade stehen. Es enthält den vollständigen Plan von uns und auch das Wissen um sämtliche Inkarnationen unserer Seele. Leider wird dies in der bisherigen Literatur mit dem Unterbewusstsein gleichgestellt, weil diese Vorstellung einfacher ist.

Die Tür zu diesem inneren Wissen ist unser Gefühl. Intuition erreicht uns, wenn wir auf unsere inneren Impulse hören. Das Wissen unseres Verstandes ist begrenzt, es baut sich über Erfahrung auf. So kann das Wissen über neue Entwicklungen dort nicht angesiedelt sein, allenfalls begrenzte Vorstellungen davon.

Im Gehirn wird der lineare Verstand von der linken Hälfte gesteuert, wogegen die rechte Hälfte die Intuition fließen lässt. In dieser rechten Gehirnhälfte werden Assoziationen synthetisch über Gefühle miteinander verknüpft, um uns dann zu erreichen. So arbeiten wir auch in unserem Traumlabor.

Bei vielen Menschen dominiert der Verstand, der die Informationen der rechten Gehirnhälfte stark zurückdrängt. So können sich von diesen Menschen auch nur wenige an ihre Träume erinnern.

Es würde uns zum Vorteil gereichen, wenn wir die rechte mit der linken Gehirnhälfte in eine Balance bringen könnten. Das macht uns offen für alles.

Wie können wir das erreichen?

Ihr habt euch bestimmt schon oft in Situationen befunden, in denen ihr vom Gefühl her genau wusstet, was auf euch zukommen wird. Wie häufig habt ihr so etwas wie eine innere Stimme wahrgenommen? Sicher ebenso oft.

Was macht ihr dann mit diesem Wissen, welches doch **euer** Wissen ist? Entscheidet ihr danach?

Die meisten lassen sich in solchen Situationen rasch wieder vom Verstand überrumpeln. Schade! Denn unser Denken will immer gerne die Oberhand haben. Wir haben uns so erzogen, und auch unsere Gesellschaft ist so orientiert. Erst denken, dann reden, dann handeln…

Später haben wir nach solchen Momenten häufig zu uns gesagt: Oh, hätte ich doch nur auf mein Gefühl gehört!

Wie aber lernen wir, auf unsere innere Wahrnehmung zu hören?

Inneres Wissen wird immer durch ein Gefühl begleitet. Es fühlt sich wahr an, auch wenn es unlogisch erscheint. Dieses Gefühl kann Freude sein, aber auch Unwohlsein.

Fangt doch erst einmal an, nur hierauf zu vertrauen. Fühlt sich im ersten Moment etwas freudig für euch an, dann entscheidet nach diesem Impuls, auch wenn er noch so kurz ist. Tut es einfach! Fühlt sich etwas unwohl an, dann lasst die Finger davon.

Glaubt mir, ihr werdet die Erfahrung machen, dass eure innere Führung euch nicht anlügt. Geht über jeden Zweifel hinweg, traut euch!

Wenn ihr immer häufiger konsequent auf euer Herz hört, den Bauch, wie viele auch sagen, entsteht dadurch in euch eine Sicherheit. Darauf könnt ihr absolut vertrauen. Bereits nach einigen Malen wird euer Verstand sehen, dass ihr die für euch passenden Entscheidungen trefft.

Das ist dann für ihn eine neue Erfahrung, gegen die er mit der Zeit nicht mehr so stark angehen wird.

Erklärt dann ab sofort euren Verstand zu eurem Erfüllungs-Gehilfen, der die Entscheidungen umzusetzen hat. Damit sprecht ihr ihm das Vertrauen aus. Er wird es gerne umsetzen und seine neue Rolle damit annehmen. Es ist ein Prozess, der etwas Zeit braucht. Aber so werden Herz und Verstand eins.

Jetzt werden einige sagen: Ich höre doch auf mein Gefühl, aber es erweist sich ständig als falsch. Diejenigen, die häufig diese Erfahrung machen, haben jetzt einen Knackpunkt zu überwinden. Ihr seid einer Täuschung aufgesessen, leider! Folgendes spielt sich bei euch ab: Ihr seid in einer Situation, und euer Verstand setzt euch unmittelbar ein Gefühl vor, das die Intuition überlagert. Das kann der Verstand. Er erweckt in euch das Gefühl, und ihr nehmt einen Impuls wahr. Ihr fallt darauf rein. Befasst euch einmal mit diesem Gefühl, das euch der Verstand vorsetzt. Es wird eine emotionale Ladung haben, die nicht neutral ist und von früheren Erfahrungen stammen kann, in denen diese Ladung erzeugt worden ist.

Ihr müsst euch davon lösen und echtes Fühlen üben, auch wenn euer Verstand euch irritiert. Tut es einfach.

Um ein wenig mehr Sicherheit zu erlangen, dass ihr auf eure Intuition bauen könnt, empfehle ich euch Folgendes:

TAGTRÄUMEN!

Ja, einfach hinsetzen oder spazierengehen und träumen. Dabei werdet ihr eine Menge Impulse bekommen. Ihr richtet euch dabei automatisch mehr nach innen aus. Lasst euch Zeit dabei. Es geht nicht sofort los, sondern es braucht einige Minuten, bis ihr den Alltag hinter euch gelassen habt. Unterstützen könnt ihr es wunderbar durch tiefes, langsames und gleichmäßiges Atmen. So lernt ihr das Einfühlen wie von selbst. Alle Bilder, die ihr dabei empfangt, sind mit Gefühlen gespickt. Beim Tagträumen entstehen oft super Ideen und Visionen. Künstler erschaffen ihre Werke auch auf diese Weise.

Seid Künstler! Macht ein Spiel daraus! Euer Herz wird sich freuen, denn es geht auf.

Wieder einige von euch werden jetzt sagen: Tut mir leid, aber ich kann nicht tagträumen, ich bin auch nicht visuell veranlagt. Vielleicht ist das so. In diesem Fall empfehle ich etwas, das auch beim Aufwachen morgens gut geeignet ist, Träume wieder hochzuholen: Versetzt euch in ein angenehmes Gefühl, das kann jeder. Verweilt eine längere Zeit in diesem Gefühl, ohne zu denken. Stellt euch visuell nichts vor. Fühlt euch einfach wohl. Dabei werdet ihr nach einiger Zeit neue Impulse bekommen. Haltet die Augen dabei am besten geschlossen. Erwartet nichts, sonst seid ihr wieder im Verstand, und dann kann kein Traum hochkommen.

Viele Menschen meditieren regelmäßig. Jeder sollte es so halten, wie es seiner/ihrer Weiterentwicklung dienlich ist. Mit Zwang kommt niemand in sein Inneres und auch nicht zur *Neuen Energie*.

Weitere Empfehlungen sind: Wandern, sich an der Natur erfreuen, Musik hören, kochen, Sinneserlebnisse, jede Art von Kreativität, die leicht geht und Spaß bereitet. Nehmt euch mehr Zeit für euch!

Natürlich wird es nach wie vor Situationen geben, in denen wir anhand klarer Berechnungen Entscheidungen treffen. Hierbei geht es aber nicht um etwas, das neue Impulse setzt, sondern um alltägliche Handlungen.

☆☆☆

Wozu können wir die Neue Energie im Besonderen einladen?

Die Schöpfer unserer persönlichen Realität sind immer wir selbst. Viele Dinge manifestieren wir durch bewusstes Entscheiden und Handeln. Daneben manifestieren wir unbewusst, auch zum Beispiel durch Unterlassen oder scheinbares Nichtstun. Bei jedem Akt von Realitätsbildung arbeiten beziehungsweise spielen wir mit Energien. Ich schicke dies erst einmal wieder voraus, damit wir es nicht vergessen.

So können wir auch bewusst die *Neue Energie* einladen, uns kreative Ideen zu übermitteln, für die wir uns dann entscheiden können. Wenn wir so etwas empfangen möchten, ist unsere Aufmerksamkeit natürlich gefragt. Diese dürfen wir dann nicht allein in eine Richtung lenken, sondern sollten uns angewöhnen, selbst das uns unmöglich Erscheinende aus dem scheinbaren Nichts zu erhalten, also von überallher. Wenn wir die für uns kreativsten Ideen empfangen möchten, müssen wir besonders offen sein für alles. Wenn dann Impulse, Wahrnehmungen, Zeichen, Begegnungen, Träume erscheinen, sollten wir auf sie zugehen, sie aufgreifen, mit unserer Fantasie weiter durchspielen, erfühlen, um dann zu entscheiden, was wir damit anfangen möchten.

Durch eine solche Entscheidung setzen wir gleich Energie in Bewegung, die sich weiter in Richtung Manifestation ausdehnen und ebenfalls von der *Neuen Energie* verstärkt werden kann. So wird es konkreter, bis wir uns im Klaren darüber sind, was es in seiner Essenz werden soll. Die Details genau zu definieren, wäre jedoch wiederum hinderlich, weil wir damit die mögliche Fülle, die uns die *Neue Energie* bringen möchte, blockieren würden.

Wir können uns auch für eine eigene Idee klar entscheiden und die *Neue Energie* einladen, sie zu unterstützen, damit sich diese Idee möglichst ausgedehnt umsetzen lässt.

Bei alledem dürfen wir keine Erwartungen haben. Einfach als eigene Schöpfer unsere Freude und Leidenschaft hineingeben, vorstellen, wie sich das Ergebnis anfühlen wird, und mit allen Schritten selbst zur Manifestation beitragen.

Es wird uns nicht erspart bleiben, selbst immer am Ball zu bleiben, um alles Werden aufrechtzuerhalten, bis es vollbracht ist. Wir dürfen nicht voraussetzen, dass uns alles abgenommen wird. Aber wenn die Dinge sich auch mal wie von Geisterhand bewegen, werden wir großen Grund zur Freude haben.

Zur besonderen Beachtung!

Die *Neue Energie* schwingt nicht polar. Das möchte ich jetzt noch einmal aufgreifen und mit einem entscheidenden Ratschlag verbinden, der sich auf unser Denken bezieht.

So lange wir denken können, urteilen wir in Richtig und Falsch, in Gut und Schlecht usw. Daran knüpfen sich Haltungen des Annehmens und des Ablehnens von Lebenssituationen. Dabei haben wir immer wieder die Erfahrungen machen müssen, dass wir stets mit dem konfrontiert worden sind, was diesen Haltungen entsprach. Haben wir freudig etwas für gut befunden, hat sich das auch in den Darstellungen unseres Lebens so präsentiert. Haben wir etwas abgelehnt oder gar bekämpft, heftete sich dies ebenso an unsere Fersen.

Daraus entstand dann die Idee des „Positiven Denkens“. Wir wussten, das, was wir denken, wird uns weiterhin begleiten und sich manifestieren. „Negatives“ wollten wir vermeiden. Also „dachten“ wir, es sei „besser“, nur noch an etwas „Positives“ zu denken.

Nach einer gewissen Zeit dieses Denkens stellten wir dann fest, dass wir noch immer das anzogen, was wir nicht wollten. Vielleicht nicht mehr so stark wie früher, aber es war noch so. Was war das für eine Kraft, die uns immer noch das bescherte, was wir nicht mehr wünschten? Schließlich hatten wir doch positiv gedacht, oder nicht? Also, warum war jetzt noch das Negative in unserem Leben?

Nun, wir haben uns selbst ausgetrickst. Wir haben uns ein Glaubenssystem ausgedacht, mit dem wir weiterhin das Negative wie bisher verbannen wollten. Es lag an dieser Einstellung.

Jetzt geht es darum, in ein Bewusstsein einzutreten, in dem wir grundsätzlich alles akzeptieren, wie es sich darstellt.

Alles ist Schöpfung und hat innerhalb dieser Ordnung grundsätzlich Platz. Das war und ist immer noch der „Plan“ unserer Schöpfung. Deshalb hat „Schuld“ darin auch keinen Platz, obwohl es doch Platz hat, einmal philosophisch ausgedrückt.

Erst wenn der Mensch sich dessen bewusst ist und daher nichts mehr verurteilt, nicht mehr in Gut und Schlecht einteilt, wird sich Grundsätzliches verändern. Bis dahin bleibt unser Leben eine Telenovela.

Wie verhält sich die *Neue Energie*? Sie richtet sich nicht nach Polarität und beurteilt für uns, was gut oder schlecht ist. Das „kennt“ sie nicht. Wenn wir sie einladen, uns in die Ausdehnung zu bringen, wird sie das wörtlich nehmen.

Was wird also geschehen? Die Polarität wird sich erst einmal eine gewisse Zeit verstärken. Die *Neue Energie* dehnt sowohl das eine wie auch das andere aus. Wollen wir etwas nicht, bekommen wir es stärker als zuvor...

Schauen wir uns in der Welt um, bestätigte sich das in den letzten Jahren überall. Es wurde extremer. Die Menschen wollten zum Beispiel Gewalt verhindern und mussten feststellen, dass sie oft stärker wurde. Seht doch die Massaker, Gewalt im Kleinen, im Großen, psychische Gewalt, sexuelle Gewalt, Gewalt in Form von Macht, von Missbrauch usw.

Die *Neue Energie* zeigt und deckt alles auf. Es bestätigt sich unaufhörlich.

Wozu dient uns das? Zu welcher Entwicklung bringt es uns? In welches Bewusstsein befördern wir uns damit?

Es fördert dadurch die Einsicht, dass alles eins ist und wir jetzt das Polarisieren zurücklassen können. Alles hat seine Gültigkeit, und wir entscheiden durch unsere Einstellung zu allem, was wir uns als Schöpfer weiterhin selbst vorsetzen.

Mein Rat: mit den Gedanken anfangen. Aufmerksam beobachten, was wir denken, in welche Bewertungen wir noch immer hineingehen. Wenn wir dann in das Denken noch unsere Emotionen einfließen lassen, verstärkt sich diese Gedankenkraft noch viel mehr, bis sie sich materialisiert. Beobachtet, wie viele Urteile noch in den meisten Gedanken stecken. Es wird nicht leicht sein, ein wertfreies Denken zu entwickeln. Aber es geht, allerdings nur mit Konsequenz.

Jetzt werden einige fragen: Darf ich dann nichts mehr für mich bewerten? Was macht das für einen Sinn? Ich fühle doch, was mir guttut oder nicht, soll mir das wurscht sein?

Überhaupt nicht! Wenn wir ehrlich sind, möchten wir doch alle, dass sich unser Leben glücklich und erfüllt zeigt, wie wir immer sagen: von seiner besten Seite. Die Frage ist nur: Wie kommen wir dahin? Über das Bewerten im Sinn von Verurteilen jedenfalls nicht. Das haben wir über sehr lange Zeiträume erfahren. Wenn wir aber wirklich mit unserem Herzen zunächst mit **jeder** Situation, die wir selbst kreiert beziehungsweise mitkreiert haben, gänzlich einverstanden sind, stellt sich auch jede Situation veränderbar dar. Wir bleiben doch die Schöpfer.

Anders ausgedrückt: Ich erlebe das, was ich bin, was zu mir gehört. Das hat mit mir selbst etwas zu tun und bringt mich zu der Erkenntnis, wo ich stehe. Dadurch habe ich die Chance, mein Bewusstsein zu erkennen und weiterzuentwickeln. Das wiederum entspricht meinem innerlich gewählten Lebensziel. Wenn ich jetzt hingehe und etwas ablehne, verpasse ich mir selbst eine Ohrfeige. So wiederholen sich die Dinge, bis sie irgendwann eskalieren. Ersparen wir uns das doch!

Also, wir erklären alles grundsätzlich für in Ordnung. Danach fragen wir uns: Warum stellt sich das jetzt in meinem Leben so dar, warum finde ich diese Situation vor, welcher tiefe Sinn steckt darin? Was gibt es für mich zu lernen, zu verändern? Welches Potenzial sollte ich ausbauen? Welche Angst abbauen? Welche neue Richtung einschlagen? Wenn diese Erkenntnis durch mein ehrliches Hinterfragen aufsteigt, lege ich durch meine veränderte Einstellung den Grundstein dafür, dass immer weniger Darstellungen in mein Leben treten, die ich eigentlich nicht mag. Gehe ich aber hin und sage: Nein, ich will das nicht so haben, ziehe ich es verstärkt an. Und die *Neue Energie* kann mir das, was ich mir wünsche, nicht bringen.

Bin ich aber absolut einverstanden mit allem, bekomme ich jede Chance, auch alles wieder zu verändern. Ist das jetzt nicht sogar für unseren Verstand logisch?

Vielleicht legt ihr jetzt einmal eine kleine Pause ein und lasst es sacken, denn danach kommt…

…das Größte, was wir für uns tun können:

Stellt euch vor, wir alle haben die *Neue Energie* miterschaffen, weil wir selbst Erschaffer sind. Wir, jeder von uns, ist ein Schöpfer. Und wir haben eine Energie kreiert, die uns nun das Umfassende, das Größte, das Freudigste, das Unvorstellbare in unser Leben bringen möchte. Die Zeit dafür ist reif!

Was setzt das voraus, welche neue Einstellung ist die förderlichste überhaupt?

Uns selbst auch als diese Schöpfer anzuerkennen!

Wie soll etwas zu uns kommen, wenn wir gar nicht die Absicht haben, damit in Resonanz zu gehen? Wie sollen wir etwas empfangen, was unserer wahren göttlichen Natur entspricht, wir diese Wahrheit aber nicht zulassen?

Über alle Epochen der Menschheitsgeschichte hinweg glaubten wir, wir seien Untertanen der Götter. Wir machten uns klein und gaben unsere Macht ab. Wir ließen uns manipulieren und befanden uns in Abhängigkeiten. Als wir die *Neue Energie* erschufen, war uns allen auf höchster Bewusstseinsebene klar, dass diese Epochen nun zu Ende gehen würden.

DAS ist es, was wir uns jetzt bewusst machen sollten.

Was setzt das voraus? Abschied!

Den größten Abschied, den es für uns geben kann. Abschied von allen Glaubens- und Verhaltensmustern, die wir all die Epochen angesammelt haben, einschließlich unseres vermeintlichen Karmas.

Wie soll das gehen?

Machen wir uns klar, dass niemand im gesamten Universum über uns steht und schon gar nicht über uns richtet. Alle diese Konstruktionen sind menschliche Relikte dieser lang anhaltenden Telenovela, in der wir das immer wiederkehrende Spiel von Macht und Ohnmacht spielten. Wir sind „hierunter“ gekommen, um in alles einzutauchen, was uns bei diesem Spiel überhaupt nur einfallen konnte. Als wir die *Neue Energie* erschufen, waren wir dieses Spiel bereits endgültig leid.

Stellen wir uns vor, dass wir aufgrund irgendeiner vergangenen „Schuld“ nichts mehr zu bezahlen haben. Alles ist längst ausgeglichen. Wir hätten sonst diese Energie nicht erschaffen. Wir haben sie auf die Erde gebracht, um hier den Himmel vorzufinden und ihn nicht mehr irgendwo da oben zu suchen. Es entspricht unserer höchsten Würde, nun das Geschenk anzunehmen, das wir für uns selbst bestimmt haben.

Seid ihr bereit dazu? Seid ihr bereit, euch so zu lieben, wie ihr noch nie glaubt habt, es als Mensch tun zu dürfen? Seid ihr bereit, eure Vorstellungen von Schuld wirklich aufzugeben? Könnt ihr euch vorstellen, wer ihr in Wahrheit seid? Dass ihr selbst Schöpfer seid? Könnt ihr euch selbst den größten Respekt entgegenbringen, den es nur geben kann? Die größte Empathie überhaupt?

Aber darin liegt die Lösung! Sie liegt nicht in irgendwelchen begrenzten Vorstellungen, sondern genau in dieser Unbegrenztheit und Unschuld, die wir alle in uns tragen.

Der Akt, dieses anzuerkennen und sich in dieses höchste Bewusstsein einzufühlen, um es sich buchstäblich **einzuverleiben**, ist das Größte, was wir als Götter in Menschengestalt tun können.

Dieses Bewusstsein IST *Neue Energie*!
Es lässt uns zusammen verschmelzen!

Wir können es nicht auf einen anderen Punkt bringen als auf diesen einzigen.

Es hält euch den Atem an?

OK, dann gehen wir wieder ins Kleine zurück, um neue Geschichten zu erleben, die uns immer ein Stück weiter dahin führen, wo jeder von uns hingehört.

☆☆☆

Weitere Beispiele

Bettina und ich leben bekanntlich auf der Insel Mallorca. Vor einigen Monaten hatten wir an der Ostküste zu tun und ließen dort den Tag mit einem Abendessen ausklingen. Als wir aufbrechen wollten, fing es an zu regnen. Bettina und ich fahren beide nicht gerne im Dunklen mit dem Auto, und bei Regen besonders ungerne. Aber nun mussten wir da durch.

Als wir das Auto starteten, hörte der Regen zu unserer Freude auf, und wir fuhren über die Schnellstraße gen Palma. Die Straßen unterwegs waren teilweise nass, aber es fiel kein Regen mehr. Mit einem trockenen Auto kamen wir zu Hause an.

Am nächsten Morgen unterhielten wir uns mit einem Bekannten, der am Tag zuvor in Manacor gewesen war und die Rückfahrt „zufälligerweise" um die gleiche Zeit auf derselben Straße zurückgelegt hatte.

„Puh, es hat ja mächtig geschüttet, wie seid ihr denn durchgekommen? Die Straßen konnten den Regen gar nicht so schnell abfließen lassen. Ich musste echt langsam fahren."

„Wie, geschüttet? Wo?"

„Überall, die ganze Strecke von Manacor bis Palma, unaufhörlich!"

„Hm, wir sind ganz normal gefahren und trocken zu Hause angekommen…"

Bettina und ich schauten uns an und mussten schmunzeln, obwohl es uns zugegebenermaßen schon erstaunte.

Nun interessiert natürlich die Rationalisten, wie so etwas geschehen konnte und ob da nicht ein Haken an der Geschichte sei. Vielleicht waren wir ja nicht zur gleichen Zeit dieselbe Strecke gefahren. Wir hätten einen kleinen Vorsprung vor dem Bekannten gehabt haben können, und unmittelbar nach uns hätte es angefangen, heftig zu regnen?

Laut Wetterbericht soll es jedoch den gesamten Abend bis in die Nacht hinein, besonders in der Inselmitte, starke Regenfälle gegeben haben.

Wie lässt sich das Phänomen erklären?

Vielleicht gibt es mehrere Möglichkeiten. Ich stelle eine besonders heraus:

Es existiert für unser normales Wachbewusstsein immer nur eine Realität, so nehmen wir es wahr. In Wirklichkeit gibt es viele wahrscheinliche Realitäten, wie wir unterschiedliche Gedanken und Vorstellungen von uns und unseren Wünschen haben, wie sich unsere Realität darstellen könnte. Wenn wir also zum Beispiel zwei Ideen haben und uns für eine davon entscheiden wollen, konzentrieren wir uns in unserer Vorstellung auf beide Ideen und wählen die aus, die uns mehr zusagt.

Die andere Idee setzt sich danach aber ebenso fort, nur für uns nicht real greifbar. Sie bleibt eine energetische Realität oder, wie zuvor ausgedrückt, eine aus unserer Sicht wahrscheinliche Realität.

In Tagträumereien wechseln wir öfter diese Realitäten, ohne dass es uns auffällt. Manchmal schrecken wir dann plötzlich auf, wenn wir durch ein abruptes Ereignis wieder auf den Boden geholt werden.

Ich stelle es einfach dar, damit es jedem verständlich wird:

Wenn deine Vorstellungskraft sehr hoch ist und du solche Dimensionssprünge nicht grundsätzlich ablehnst, kannst du sehr interessante Dinge erleben.

Viele Menschen kennen das Phänomen „Déjà vu". Meistens handelt es sich dabei nicht unbedingt um Zeitsprünge oder Einblicke in andere Inkarnationen, sondern um kurze Durchbrüche zu unseren Träumen, in denen wir viele Ereignisse bereits durchgespielt haben. So erleben wir plötzlich am Tag eine kurze Verlagerung der Realitäten, insbesondere wenn viel Gefühl im Spiel ist. Dasselbe Phänomen tritt auf, wenn wir tagsüber in Vorstellungen sind, wie sich etwas besser darstellen könnte, als es sich derzeit in der sichtbaren Realität zeigt.

Ich weiß, das ist nichts für pure Realisten. Aber die Natur der Realitätsbildung ist so vielschichtig, dass einem schwindelig werden kann, wenn man in alle diese Möglichkeiten tief eintaucht.

Jetzt ist auch erklärbar, warum wir einen Verstand haben oder, wie viele sagen, einen klaren Kopf brauchen. Hätten wir dieses Werkzeug nicht, wären wir in einem totalen Chaos.

Dieser kleine Ausflug bringt uns nun wieder zur *Neuen Energie* zurück: In den Experimenten auf der Neuen Erde spielen sich die Dinge bereits so ab. Wir üben dort alles, um es immer weiter auf dieser Erde erleben zu können. Damit einher geht ein umfassender Bewusstswerdungsprozess, der in alle Ebenen des menschlichen Daseins reicht.

Werner: *Seit einer Woche schmerzt mein Körper, ich habe das Gefühl, jede Stelle tut mir weh, und morgens fällt es mir sehr schwer, aufzustehen. Ich kann mich nicht erinnern, so etwas schon einmal erlebt zu haben. Hängt das vielleicht mit der Neuen Energie zusammen? Aber warum muss ich dann leiden?*

Hier möchte ich zunächst etwas Grundsätzliches sagen: Wendet euch immer an einen Arzt oder Therapeuten eures Vertrauens, wenn ihr das Bedürfnis dazu verspürt. Ihr müsst nicht unnötig leiden.

Die für Werner ungewohnten Schmerzen können in der Tat mit inneren Prozessen einhergehen, bei denen auch die *Neue Energie* eine Rolle spielt. Wir alle befinden uns in einer Übergangszeit, in der sehr viele Anpassungsprozesse ablaufen. Für viele Menschen geht es jetzt um das grundsätzliche Einverstanden-Sein, dass sich ein neues Bewusstsein einstellen darf. Dafür müssen wir altes Bewusstsein loslassen. Alte Vorstellungen, wie das Leben sich darstellen sollte, möchten der Vergangenheit angehören. Es gibt keine absoluten Maßstäbe mehr aus früheren Zeiten, die noch bindend sind. Es wartet eine Zukunft auf uns, in der es keine zwingenden Vorstellungen mehr geben wird, die als ewig gültig anzusehen sind.

Unser Körper wird noch eine Weile brauchen, bis auch er sich allen neuen Prozessen und der neuen Leichtigkeit angepasst haben wird. Bis dahin wird sich jede einzelne Zelle verändern. Vermutlich verändern wir sogar unsere DNA.

Schmerzen können in dieser Phase besonders dann auftreten, wenn Widerstände in uns die Transformationen und Veränderungen noch zurückhalten wollen. Das können unbewusste Reaktionen sein. Vieles hat mit unseren vergangenen Erfahrungen zu tun, die bis in frühere Inkarnationen reichen. Mit diesen Erfahrungen ist auch viel Schmerz und Leid einhergegangen, die sich jetzt verabschieden wollen.

Mein Rat: Grabt nicht zwingend darin herum, lasst alle Prozesse zu und stemmt euch nicht dagegen. Ihr werdet in dieser Zeit sehr stark im Inneren arbeiten. Daher fühlen sich viele auch morgens wie gerädert. Nehmt etwas gegen zu starke Schmerzen, es wird euch nicht schaden. Geht viel in die Natur, esst frische Nahrung, wenn ihr Appetit darauf habt. In einigen Fällen werdet ihr auch verstärkt große Lust auf Fleisch verspüren. Versagt es eurem Körper nicht. Fleisch ist auch Leben und verströmt dann diese Qualität als Kraft. Seid liebe- und verständnisvoll mit eurem Körper. Wenn sich der Körper mit etwas schwertut, geht geistig und emotional umso mehr in die Lebensfreude und die Leichtigkeit.

Es ist wertvoll, wenn wir viele Beispiele zu unseren körperlichen Veränderungen erhalten. Da wir ihn ja noch nicht gänzlich abstreifen können, müssen wir lernen, ihn besser zu verstehen.

Wenn ihr jetzt euer Bewusstsein verändert, verändert sich auch euer Umfeld!

Wir wissen, wir sind das, was unserem Bewusstsein entspricht, und ziehen immer das hierzu Entsprechende im Leben an. Alles gehört dazu: unsere Partner, unsere Familie, die Arbeit, der Wohnort, die Wohnung, Kleider, Musik, Freunde und jede andere Lebenssituation.

Wenn ihr also verstärkt den Wunsch verspürt, in eurem Umfeld Veränderungen vorzunehmen, dann zwingt euch nicht, das Gewohnte beizubehalten. Nicht jeder eurer Mitmenschen wird euch folgen wollen. Habt dafür Verständnis.

Dagmar: *Mein Mann versteht mich nicht mehr, wir drehen uns ständig im Kreis. Er redet von Äpfeln und ich von Birnen. Die Kommunikation ist völlig aus dem Ruder. Wenn ich mich umschaue, stelle ich zu meinem Erschrecken fest, dass es in unserem gesamten Umfeld solche Entwicklungen gibt. Das macht mir Angst.*

Das Auseinander-Entwickeln nimmt zu. Was früher eine gemeinsame Basis hatte, driftet jetzt auseinander. Die meisten Beziehungen der Vergangenheit waren auf Abhängigkeiten aufgebaut, denen wir, bis der Tod sie scheiden würde, folgen sollten. Damit will ich nicht sagen, es hätte keine Liebe gegeben.

Die Liebe aber verändert sich, sie möchte tiefer gehen, möchte Ebenbürtigkeit ohne Erwartungen, ohne Muss, ohne Bedingungen. Die Menschen spüren das verstärkt durch ihren inneren Wunsch nach echter Verschmelzung. Sie möchten keine Kompromisse mehr. Geben und Nehmen soll unterm Strich ausgewogen sein. Der Wunsch nach einer neuen Art von Einheit und Ergänzung wird in vielen Herzen immer stärker. Noch kann nicht jeder das verstehen, der es nicht selbst so fühlt.

Durch unsere Kommunikation erkennen wir sehr viel. Ist die Gemeinsamkeit noch da? Kann sie sich bei beiden Partnern neu entfalten? Sprechen wir noch eine Sprache? Bewusstseinsveränderungen fördern neue sprachliche Inhalte, der Sinn verschiebt sich, die Perspektive wird eine andere. Ein Wort ist nicht mehr das Wort, das es früher einmal war. Der Ausdruck verändert sich, auch im Wesen. Wir stellen uns neu dar, drücken uns anders aus, in allen Aspekten, die wir in uns vereinen.

Akzeptieren wir zunächst grundsätzlich derartige Entwicklungen. Wir haben sie selbst mit in die Wege geleitet und wollen zu neuen Ufern. Dabei werden wir mit Loslassprozessen konfrontiert, die in alle Lebensbereiche hineingehen. Partnerschaften jeder Art stehen auf dem Prüfstand.

Betrachtet euch neu, seht nicht die Anfänge eurer Beziehungen, keine rosarote Wolke. Der große Trend „Ich will meinen Ex zurück" ist eine Halluzination. Lasst euch jetzt nicht wieder manipulieren, wo ihr gewissermaßen erwacht seid. Geht ehrlich damit um. Haltet ihr an etwas fest, das schon längst Vergangenheit ist und keine Zukunft mehr hat, kann es niemandem nutzen. Es bringt niemandem einen echten Vorteil und kein seelisches und entwicklungsmäßiges Weiterkommen.

Wenn ihr stetig feststellt, dass sich eure Wege nicht mehr in einer Spur bewegen und Leidenschaft und Motivation keine neue Beziehung mehr aufbauen können, dann trennt euch ehrlich und einvernehmlich. Ihr macht es euch beiden sonst schwerer, als es zu sein braucht. Setzt euch aber vorher zusammen. Legt alles auf den Tisch. Fragt auch den Partner nach seinen Bedürfnissen, die ihr vielleicht nicht bemerkt oder anders eingeschätzt habt. Niemand sollte sich zurückhalten. Klärt ihr bis in alle Lebensbereiche alles auf, werdet ihr genau fühlen, wo jetzt eure Zukunft liegt. Liegt sie mit demselben Partner Hand in Hand auf einer erweiterten Ebene? Wenn nicht, macht einen sauberen Schnitt.

Im weiteren Familienkreis gab es vor einiger Zeit gleich zwei Fälle dieses Auseinanderlebens. Nach einigen klärenden Gesprächen setzten beide Paare sich jeweils intensiv mit ihrer Problematik auseinander. Das war für beide Paare sehr fruchtbar, und es konnten neue Ansätze geschaffen werden. Es bewegte sich etwas, und der Blick verschob sich in Richtung eines neuen Sinns.

Nach wenigen Monaten jedoch waren beide Paare wieder an dem Punkt, erneut nachzulassen. In solchen Fällen gibt es nur noch eins: Können die Partner sich noch einmal in eine so tiefe Liebe zum anderen einlassen wie nie zuvor? Können sie so etwas überhaupt in sich zulassen? Können sie eine solche neue Liebe und Leidenschaft für sich und den anderen aktivieren, dass es wie eine echte Neugeburt ist? Es wäre die einzige Chance für die Beziehung.

In den meisten Fällen schaffen sie es nicht. Wenn sie das erkannt haben, sollten sie sich wirklich trennen. Aber das Vorangegangene, die offene und ehrliche Auseinandersetzung, hat ihnen dann auch den Weg geebnet, um diese Prozesse in Zukunft nicht mehr durchmachen zu müssen.

Gundula: *In letzter Zeit ist mir Folgendes aufgefallen: In meinem Umfeld verhalten sich die Menschen verändert, nicht nur mir gegenüber, nein, in sichtbarer Weise auch untereinander. Die gesamte Nachbarschaft ist in einer wunderbaren Art viel aufgeschlossener, zugänglicher, offener, herzlicher… Es gibt dafür keinerlei konkrete Anlässe. Jeder gibt dem anderen das Gefühl, er sei ein Freund, und es ist so natürlich, als wenn es nie etwas anderes gegeben hätte. Eine neue Nähe ist entstanden, die es zuvor nicht gab. Ich bin immer wieder freudig erstaunt und berührt.*

Auch am Arbeitsplatz verhält es sich so. Die Kolleginnen und Kollegen gehen wie von Geisterhand in zuvorkommender Weise miteinander um. Nicht aufgesetzt, sondern ehrlich und in einer liebevollen Art.

Meine Freunde und Bekannten machen übrigens ebensolche Erfahrungen.

Super! Vielleicht werden wir uns noch alle wundern, wenn das überall so sichtbar geschieht. Die *Neue Energie* verbreitet eine neue Leichtigkeit, die auffällt. Freuen wir uns darüber.

Liebe Leser, versetzen wir uns doch in diese Stimmung und beobachten, was dadurch in Bewegung kommt... Ich bin sicher, auch das wird sich ausdehnen.

Holger: *Lieber Ralph, ich danke dir sehr, dass ich die ersten spannenden 50 Seiten deines Manuskripts vorab lesen durfte, um dann ebenfalls zu berichten, wie sich mir die Neue Energie präsentiert. Ich möchte deswegen unmittelbar nach dem Lesen Folgendes mitteilen: Mit zunehmendem Vertiefen in den Inhalt merkte ich, wie mein Körper in eine andere Schwingung geriet, was sich jetzt beim Schreiben dieser Mail noch ausdehnt. Anders als noch vor einer Stunde. Mein Herz ist weit offen, und mein Kronenchakra kribbelt. Es fühlt sich sehr schön an. Ich danke dir und werde mich wieder mit neuen Erfahrungen melden.*

Da freue ich mich aber sehr auf das Weitere.

Till: *Ich suche seit etwa einem Jahr eine neue Wohnung. Viele habe ich mir inzwischen angeschaut, aber bei jeder fühle ich, dass etwas nicht stimmig für mich ist. Langsam denke ich schon, ich spinne und kann mich einfach nicht entscheiden. Glaubst du, es sind meine Zweifel, oder hat das mit dieser Epoche zu tun, in der sich alles verändert?*

Wenn wir in die Dinge, die uns begegnen, hineinfühlen, kommen wir unserer Wahrheit am nächsten. Ein

Wohnobjekt steht immer in Resonanz mit den Bewohnern. Wir ziehen das an, was unserem Bewusstsein entspricht. Daher ziehen wir auch meistens um, wenn in uns größere Veränderungen stattfinden. Oder wir stellen plötzlich die Wohnung auf den Kopf, in der wir noch leben. Das Innere spiegelt sich immer auch im Außen.

Es mag sein, dass Till seit einem Jahr in ständiger Veränderung ist, das geht nicht nur ihm so. Damit wäre erklärbar, dass er tatsächlich noch nicht das angemessene Zuhause gefunden hat.

Wenn er sich jetzt auf einen Kompromiss eingelassen hätte, nur um nicht mehr weiterzusuchen, würde er sich garantiert nach kurzer Zeit auch dort nicht mehr wohlfühlen. So ist es besser, wenn wir manchmal etwas Geduld mit uns haben, bis der Zeitpunkt gekommen ist, an dem eine neue Entwicklung in uns so gereift ist, dass sich das Umfeld drumherum auch neu bilden kann. In dieser Übergangszeit wird das, was Till erlebt, kein Einzelfall bleiben.

Es wird sich auch mit anderen Aspekten unseres Daseins so ergeben, zum Beispiel im Beziehungsbereich. Ich weiß von R., dass er sich seit geraumer Zeit eine Partnerin wünscht, die (wie er sagt) endlich zu ihm passt. R. will die Probleme von früher nicht wieder erleben. Jetzt wartet er lieber. Damit tut er sich wohl den größten Gefallen. Er wird **die** Partnerin anziehen, die am besten zu ihm passt, wenn er zu dem geworden ist, der er wünscht zu sein.

Vielen Frauen und Männern ergeht es zurzeit genauso. Sie alle möchten nicht mehr die alte Art von Beziehung. Nun sind die meisten Menschen aber in einer anhaltend neuen Entwicklungsphase. Es wird wohl angemessen sein, wenn sie in dieser Zeit nicht alle zwei Monate die Beziehung wechseln müssen…

Habt also noch ein wenig Geduld mit euch, hadert nicht. Freut euch vielmehr! Seht es als Bestätigung, dass ihr in einer tollen neuen Entwicklung seid und danach ein wundervoller Mensch auf euch wartet!

Gabriele: *In den letzten Monaten hat sich mein Gefühl stark verändert. Egal, wo ich hinkomme, nehme ich die Schwingung dort wahr. Wenn ich mich an einem Ort wohlfühle, bin ich beschwingt. Es gibt aber auch Plätze und Wohnungen, in denen ich mich beklemmt fühle, Platzangst bekomme und verschwinden muss. Bleibt das so?*

Unsere Sinne erweitern sich. Menschen, die von Natur aus sensitiv sind, werden immer feinfühliger. Es kann alle Sinne betreffen, und bei jedem kann es sich anders darstellen. Es ist eine Entwicklung, die nicht unbedingt an einem bestimmten Punkt endet und dann so fortbesteht. Beobachte es weiter. Es wird immer Orte und Menschen geben, an/bei denen wir uns nicht wohlfühlen. Früher harrten wir dort aus, weil wir niemanden verletzen wollten. Durch die stärkere Wahrnehmung werden wir nun fast gezwungen, uns zurückzuziehen. Es würde uns sonst zu viel Kraft kosten, dagegenzuhalten. Nehmt es so, wie es sich euch darstellt, ohne es in „gute oder schlechte Energie" einzustufen. Lasst es so und bleibt euch selbst treu.

Diese verstärkten Sinnesentwicklungen können auch zu Freisetzungen weiterer Potenziale führen, zum Beispiel zu heilerischen und therapeutischen Fähigkeiten. Schaut einmal, ob euch vermehrt Menschen ansprechen, die vielleicht eure Hilfe in Anspruch nehmen möchten. Das könnte ein Zeichen dafür sein. Hier wirken dann bereits eure inneren Anziehungskräfte auf diese Menschen.

Bettina ist durch eine solche Entwicklung so feinfühlig und hellsinnig geworden, dass diese Fähigkeiten in ihre Medialität geführt haben. Sie hat früher bereits in jeder fremden Wohnung genau gespürt, mit welchen Lebensthemen die Bewohner sich auseinanderzusetzen hatten, und konnte so als Therapeutin wunderbar Hilfe leisten.

☆☆☆

Abgrenzungen sind notwendig und gehören zur Eigenverantwortung!

Das Thema Feinfühligkeit führt uns unweigerlich zu einem besonders zentralen Aspekt unserer Verantwortung. Deshalb möchte ich es an dieser Stelle unbedingt mit einfließen lassen.

Die meisten Menschen finden es schwierig, klar und deutlich „stopp“ zu sagen, wo es angebracht ist. Wir sind erzogen worden, immer brav und nett zu sein. So erfüllen wir viel zu sehr die Erwartungen anderer Menschen. Oder wir glauben, wir müssten es stets anderen recht machen, selbst wenn es nicht erwartet wird.

Hilfsbereitschaft ist eine wunderbare Tugend und Ausdruck von Nächstenliebe. Aber geht es nicht zunächst darum, dass wir uns selbst lieben? Dazu gehören auch Respekt uns selbst gegenüber und die Einhaltung der eigenen Grenzen, die wir nicht überschreiten sollten. Meistens sagen wir „ja“ anstatt „nein“. Was kann uns zu einer solchen Haltung bewegen, außer unsere Erziehung? Mangel an Selbstwert? Sich kleiner machen, als man ist?

Dann ist eine übermäßige Hilfsbereitschaft oder sich ausnutzen zu lassen doch eine Kompensation des eigenen Mangels. Es geht sogar oft noch weiter. Was ist, wenn wir anderen Menschen dabei ihre eigene Verantwortung abnehmen? Ist das nicht ein Übergriff, ein Eingriff in deren Freiheit?

In der *Neuen Energie* geht es besonders um das Thema Freiheit. Frei sein und frei sein lassen. Wie sollen wir in eine stärkere Ausdehnung kommen, so lange wir uns oder andere beschränken?

Schaut jetzt verstärkt, wo ihr euch noch unfrei fühlt, abhängig seid oder Mitmenschen unbewusst von euch abhängig macht. Übertriebene Hilfsbereitschaft und Sorge können auch dazu führen.

Es gibt ein sichtbares Indiz dafür, ob ihr im Inneren gewählt habt, euch mit einer solchen Thematik in Berührung zu bringen: Schaut euch dazu eure Mittelfinger an. Diese zeigen unter anderem auf, welche Auseinandersetzung ihr mit dem Thema Verantwortung habt. Ist ein Mittelfinger im oberen Bereich zum Ringfinger geneigt, geht es neben anderen Aspekten darum, zu lernen, Grenzen zu setzen und zu respektieren. Selbst wenn eure Mittelfinger gerade sind, ist das Thema immer beachtenswert.

Ist es nicht egoistisch, zuerst an sich selbst zu denken?, werden sich jetzt vielleicht viele fragen.

Das ist die Suggestion, die uns eingetrichtert worden ist. Damit ist unsere eigene Macht gebrochen worden!

Es ist eher egoistisch, wenn ich mich nicht an die erste Stelle setze und nicht bereit bin, die Verantwortung für mich voll und ganz und in jeder Situation zu übernehmen. Das führt zu einer nicht endenden Telenovela von Macht und Ohnmacht. Aber genau dort wollen wir nun heraus.

Herbert: *Meine Knie schmerzen in letzter Zeit. Ich war damit noch nicht beim Orthopäden, werde aber wohl oder übel eine Untersuchung vornehmen lassen müssen. Welchen Zusammenhang siehst du da?*

Zur Untersuchung würde ich auch raten, wenn die Schmerzen anhalten.

Kniebeschwerden gehören zu den häufigeren Symptomen in der Übergangszeit. Sie zeigen die fehlende Balance zwischen Macht und Ohnmacht sehr deutlich auf.

Fragen wir uns: Wozu dienen uns die Knie?

Um uns beugen zu können.

Wem oder was sollten wir uns beugen?

Nun, da sind erst einmal wir selbst. Wie schon ausgeführt, geht es in unserem Leben darum, unsere Entwicklung nicht aus den Augen zu verlieren. Unser Inneres bleibt am Ball und gibt uns immer rechtzeitig Hinweise, besonders über unseren Körper. Wenn sich die Knie melden, sollten wir uns folgende Fragen stellen:

Wo nehme ich nicht genug Rücksicht auf mich? Wo mische ich mich zu sehr in andere Angelegenheiten ein? Wo verurteile ich mich, andere Menschen oder Umstände. Wo beuge ich mich nicht meinen Impulsen? Wo bleibt meine Gelassenheit? Meine Flexibilität? Wo will ich nicht weiterkommen? Wo bin ich stur, steif, unbeugsam? Womit bin ich nicht einverstanden? Und noch die Frage (besonders das linke Knie betreffend): Wo quälen mich noch Schuldgefühle?

Wir dürfen nicht vergessen, es muss nicht immer um eine offensichtlich grobe Verletzung dieser aufgezählten Möglichkeiten gehen. Im Verlauf unserer Bewusstwerdung stellen sich die Dinge immer subtiler dar, sodass entsprechend unserem Stand schon wegen scheinbarer Kleinigkeiten schnell ein Maß erreicht werden kann, an dem wir wieder hinschauen sollten. Ein Thema verschwindet nicht immer von heute auf morgen, nur weil wir eine Lektion gelernt haben. Es geht auf höheren Ebenen weiter. So bleibt auch unser Körper weiterhin ein Resonanzboden für Informationen von innen.

Zu den Beschwerden noch ein wichtiger Hinweis: Wenn sie anhaltend sind, solltet ihr euch wirklich mit der Thematik auseinandersetzen und das Entsprechende in eurem Bewusstsein, eurer Einstellung und eurer Vorgehensweise verändern. Wenn sie aber nach kurzer Zeit (bis drei Wochen) wieder verschwinden (manchmal sogar von einem Tag auf den anderen), ist das in der *Neuen Energie* meistens ein Signal von innen, dass ein Thema von früher sich jetzt verabschiedet hat.

Können wir den Körper als Resonanzboden ausblenden?

Ja, das geht unter Umständen. Es setzt voraus, dass wir die Botschaften von innen auf andere Weise erkennen und sie dann konsequent umsetzen. Signale können uns über viele Wege erreichen. So lange wir unsere innere Stimme nicht vernehmen, sind wir angehalten, im Außen nach Botschaften für uns zu schauen. Das, was uns deutlich ins Auge springt oder mehrmals unsere Wege kreuzt, sollten wir genau beachten und darin für uns den Hinweis entdecken.

(An dieser Stelle mache ich gleich die Anmerkung, dass wir hierzu ein weiteres Buch in Vorbereitung haben, in dem wir verschiedene Möglichkeiten aufzeigen und interpretieren, welche Botschaften in den äußeren Erscheinungen des Lebens enthalten sind.)

Wir können jetzt zum Beispiel Folgendes in Bewegung setzen, das uns hilft, mehr zu erkennen, ohne dass immer gleich unser Körper eingeschränkt wird:

Übung

Gehe in die Stille und atme tief, langsam und gleichmäßig bis in den Bauch. Einige Minuten lang…

Jetzt richte deine Aufmerksamkeit tief nach innen und sprich deine innere Führung an:

„Ich entscheide mich klar und bestimmt, alle Impulse und Botschaften, die für mich bestimmt sind, erkennen zu lernen. Dafür bitte ich um Anleitung und Hilfsmittel, die mich bei der Wahrnehmung und Interpretation unterstützen. Ich entscheide klar, diese Botschaften umzusetzen. Ich vertraue mir und meiner inneren Führung in vollem Umfang. Gleichzeitig gebe ich meinem Körper hiermit den Auftrag, als Resonanzboden zurückzutreten."

Wenn ihr diese Übung durchgeführt habt, lasst los. Begebt euch ins Beobachten, ohne euch konkret vorzustellen, wie sich wann was präsentieren sollte. Achtet auf eure Träume. Meistens geben sie euch weitere Hinweise.

Wiederholt diese Entscheidung ruhig in gewissen Abständen. Es dient in erster Linie euch selbst. Für euer Inneres braucht ihr nie etwas zu wiederholen, aber ihr könnt euch selbst öfter erinnern, was ihr für euch entschieden habt und euch dabei immer wieder in die Energie der Entschiedenheit begeben. Das hat einen großen Wert und wird euch weiterbringen.

Greifen wir das Thema mit den Knien noch einmal kurz auf und erweitern es.

Leider bekommen Menschen, die ihren Knien nicht die nötige Beachtung geschenkt haben, zu einem späteren Zeitpunkt Probleme mit den Hüften.

Welcher Zusammenhang besteht hier?

Die Knie machen uns darauf aufmerksam, dass wir wesentliche Veränderungen in unserer Einstellung vornehmen sollten. Wenn wir diese aber nicht umsetzen, werden wir unser Lebensziel kaum erreichen, jedenfalls nicht mehr so leicht. Wenn sich also unser Lebensziel, das Ziel unserer Persönlichkeitsentwicklung und -entfaltung weit entfernt hat, würde der Sinn unseres Daseins infrage stehen. Wir bekommen dann über die Hüfte den Hinweis, uns noch einmal ernsthaft damit auseinanderzusetzen und einen neuen Weg einzuschlagen. Die Leichtigkeit, sozusagen aus der Hüfte heraus die Dinge neu anzugehen, muss wieder her.

Schauen wir einmal, wie viele Menschen bereits künstliche Hüftgelenke bekommen haben. Ist die Zahl nicht sehr hoch? Einem Hüftproblem muss nicht zwingend ein Knieproblem vorangehen, aber häufig stellen sich die Abläufe so dar. Deswegen mein Tipp: Bei Knieproblemen wirklich hinterfragen, was es zu ändern gilt.

Welchen Zusammenhang finden wir hier zur *Neuen Energie?* Es gab ja früher auch Knie- und Hüftleiden.

Nun, die *Neue Energ*ie haben wir doch kreiert, gerade weil wir etwas grundsätzlich Neues erleben wollen. Wir möchten dadurch aus dem Hamsterrad aussteigen, aus den endlosen Schleifen…

Jetzt haben wir die *Neue Energie* und sind aufgefordert, uns einem Wandel zu unterziehen. Wenn wir den Wandel ablehnen, besteht eine hohe Wahrscheinlichkeit, dass sich unsere Knie und Hüften melden.

Marion: *Ralph, du schreibst vom Loslassen. Wie und was kann ich denn loslassen, wenn das Neue noch nicht da ist?*

Das fragen sich sehr viele Menschen. Es ist auch nicht so leicht umzusetzen.

In der letzten Entwicklungsepoche konnten wir noch recht gut auf die alte Weise manifestieren. Wir befanden uns in einer bestimmten Kiste, durften weiterhin darin verweilen und währenddessen in dieser Kiste Ausschau nach neuen Ideen halten, um diese dann nach und nach umzusetzen. Wenn wir es uns dann in dem Neuen schön behaglich gemacht hatten, war es nicht schwierig, das alte Zuhause herzugeben.

Mit der *Neuen Energie* haben wir uns eine andere Herausforderung gewählt. Ziel ist es, die Kiste zu verlassen und für etwas offen zu sein, ohne zu wissen, wie es letztendlich zustandekommen und konkret aussehen wird. Damit geben wir zugleich auch einen Großteil der Werkzeuge auf, die sich in der Kiste befinden. Sie sind überwiegend unbrauchbar geworden. Wir können keine Kontrollen mehr durchführen, nicht mehr alles berechnen, es nicht mehr aus einer Richtung erwarten – die alten Vorstellungen, wie das Leben in der Dreidimensionalität funktioniert, präsentieren uns nicht mehr das Gewünschte.

Es bleibt uns also nichts anderes übrig, als dieser alten Kiste samt Inhalt den Rücken zu kehren, um uns auf das zu freuen, was uns nun die *Neue Energie* bringt. Es ist ein Spagat. Wir können das Alte nicht mehr einsetzen, und das Neue zeigt sich noch nicht. Zugegeben, echt schwierig. Im Grunde sind wir in einem Nichts. So fühlen sich derzeit auch sehr viele Menschen. Es ist aber kein echtes Nichts, sondern höchste Bereitschaft, gepaart mit absolutem Vertrauen.

Das wurde von uns früher so nicht verlangt. Schauen wir uns um. Dort, wo die Menschen ihre alten Vorstellungen nicht loslassen, werden sie dazu gezwungen. Es geht in alle Lebensbereiche hinein. Sehen wir aber doch, was sich überall bereits an Neuem darstellt! Viele Türen sind aufgegangen, interessanterweise dort, wo vorher keine Türen sichtbar waren. Das sollte uns doch Mut machen, dass sich auch uns neue Türen öffnen werden, wenn wir uns aus der Kiste erheben.

Das Bewusstsein unserer ersten beiden Chakren zu aktivieren, hilft uns sehr bei diesen Schritten des Loslassens. Dies geht über eine Rückbesinnung auf den Ursprung unseres Daseins. Wenn wir uns „erinnern“, dass unser Ausgangspunkt für alle unsere Erdenreisen in der Multidimensionalität, im All-Sein, liegt und wir uns als geistiges Wesen entschieden haben, vorübergehend einen Körper anzunehmen, können wir uns absolut darauf verlassen, **nicht** verlassen zu sein. In unserem Reisegepäck ist alles enthalten, bis hin zu den „Notfalltropfen“. Wenn wir in diese Sicherheit hineingehen, sind wir in der Lage, mit unserem Leben, so, wie es sich derzeit darstellt, vollkommen einverstanden zu sein. Über das Wissen von unserem Ursprung machen wir dann den Sprung in das Ur-Vertrauen. Sind wir in diesem Ur-Vertrauen, dass wir selbst bereits für alles gesorgt haben, können wir wirklich loslassen, uns frei fühlen, aufgehoben, geborgen und geliebt. Und dann kann das Manifestieren in der *Neuen Energie* in Leichtigkeit seinen Gang nehmen…

Gönnt euch jetzt einige Minuten und spürt in euch. Dort ist eine Gewissheit, fühlt sie einmal – die absolut klare Gewissheit, dass ihr bereits alles arrangiert habt und es nur noch zu leben braucht. Ihr könnt euch wirklich dort hineinfallen lassen. Tut es! Habt jetzt dieses Vertrauen! Ihr braucht nicht zurückzuschauen, seht nach vorne! Auch wenn die Bühne noch leer erscheint, wird sie sich gleich füllen. Und wie! Euer Zögern hält es noch zurück. Nun wandelt dieses Zögern in eurem Geist in Entschiedenheit um. Seht, wie ihr mit dem Schwert in der Hand, als Symbol eurer Entschiedenheit, den Vorhang zur Bühne hebt. Und jetzt ertönt der Gong, und es kann ein neues Stück aufgeführt werden. Hört ihr schon den Beifall, der euch gezollt wird?

Ein Beispiel, was echtes Vertrauen bewirken kann:

Nadja: *Ich bin seit Dezember 2012 bei der RAV (Arbeitslosenversicherung) gemeldet. Von einem auf den anderen Tag lag ich wieder im Spital wegen meiner Verletzung am Handgelenk. Ende Dezember hätte ich eigentlich von der RAV Geld überwiesen bekommen müssen, was aber nicht geschehen war. Im Januar erteilte mir die RAV telefonisch eine Absage. Die Kosten ab dem Krankenhausaufenthalt sollte ich selbst übernehmen. Für so etwas müsste ich eine Einzel-Krankenhaus-Tagegeldversicherung abschließen. Ich dachte, ich sei im falschen Film. Aber mir kam in den Sinn, dass man mit Glauben, Gedanken und Überzeugung alles erreichen kann. Also probierte ich es aus. Ich erzählte meiner Mami und meinen Freunden, dass die Arbeitslosenkasse den gesamten Dezember übernehmen würde und ich das Geld in den nächsten Tagen auf dem Konto hätte … und erzählte das immer und immer wieder mit voller Überzeugung. Auch schrieb ich auf einen Zettel, dass die RAV alles bezahlt und ich an Wunder glaube und legte den Zettel in ein Buch. Ich ließ alles laufen. Und so geschah das Wunder. Ich bekam drei Tage später das gesamte Geld überwiesen. Wow, dachte ich, was Gedanken und Glaube für Berge versetzen können!*

Wow, ja, das kann man wohl sagen! Das Entscheidende wird Nadjas Glaube gewesen sein und ihre emotionale Überzeugungskraft. Diese waren echt. Und das macht den Unterschied aus.

Rita: *Wenn ich mir nicht sicher bin, ob ein Impuls wirklich tief aus meinem Inneren kommt, oder ob nicht doch mein Verstand ein Spiel mit mir spielt, wie gehe ich dann vor?*

Danke für diese Frage.

Ich kann nur schildern, wie ich damit umgegangen bin. Mein Verstand war nämlich auch sehr stark…

Ich hatte für solche Fälle einmal folgende Regelung für mich getroffen:

Wenn ich mich für etwas entscheide, mache ich einen deutlichen Schritt auf das Ziel zu. Ich setze etwas um, was mir aufzeigt, ob es leicht weitergeht. Wenn sich nichts bewegt, wiederhole ich diesen oder einen ähnlichen Schritt maximal noch einmal. Wenn dann immer noch nicht erkennbar ist, dass ich damit weiterkomme, nehme ich die Entscheidung wieder zurück und ersetze sie durch eine andere.

Das hat mir in fast allen Fällen weitergeholfen. Es stellte sich eine stärkere Sicherheit ein und das Vertrauen in mich selbst. Das führte später dazu, dass ich es in vielen Fällen auf einen Schritt reduzierte. Viele neue Vorgehensweisen brauchen ihre Erfahrungen. Nur so ist unser Verstand zu überzeugen, dass auch andere Wissensquellen in uns eine Gültigkeit haben.

Petra: *Ich werde immer unzufriedener in meinem Job. Aber ich traue mich nicht, den endgültigen Schritt zu wagen. Ich sehe auch keine Alternative. Ich kann mich also auch nicht für etwas Neues entscheiden. Zwickmühle!*

So ergeht es inzwischen immer mehr Menschen. Es hat auch etwas mit der Neuen Zeit zu tun. Die alten Abläufe stellen uns nicht mehr zufrieden, Routine wird zur Qual. Nur arbeiten, um zu leben, stellen wir zunehmend infrage. Wir wollen erfüllt sein.

Hierzu müssen auch neue Berufe kreiert werden.

Wenn wir uns anschauen, wie allein in den Schulen noch unterrichtet wird, nach welch alten Kriterien, nach welchen Vorgaben, ebenso die Studienfächer – es müssten neue Lehrstühle für neues Wissen geschaffen werden, das sich ausbreiten möchte. Das erschwert es für viele Menschen, eine Berufung zu finden, es sei denn, sie erschaffen sie selbst. Dafür werden dann meistens wieder Zertifikate erforderlich. Woher sollen diese kommen, es kann sie niemand ausstellen, so lange es keine offiziellen Ausbildungen und Lehrmeister für diese Berufungen gibt. Hier drehen wir uns im Moment ein wenig im Kreis.

Ich selbst hätte längst eine Dozentur oder Professur für einen Studiengang wie „Bewusstsein und Bewusstwerdung" oder dergleichen angenommen, wenn ein Ministerium solch einem Studiengang zustimmen würde, ohne dass er integrierter Bestandteil eines klassischen Philosophiestudiums sein muss. Aber schlage einmal dort so etwas vor. Es wird als Erstes die Frage kommen: Wo haben Sie das studiert? Ja, so läuft es leider noch…

Ich habe extra etwas ausgeholt, um die Komplexität aufzuzeigen, die mit der Berufswahl und -ausübung inzwischen einhergeht.

Es ist also kein Wunder, dass die Menschen in alten

Berufen weniger Erfüllung finden und sich nach etwas Neuem sehnen. Was tun?

Einige Wege gibt es schon: Zunächst herausfinden, ob sich ein Arbeitsplatz nicht mit neuen Ideen verbessern lässt oder in derselben Firma neue Herausforderungen geboten werden.

Gäbe es bei einer anderen Firma eventuell neue Möglichkeiten der Verwirklichung? Man muss dem schon nachgehen, es sei denn, das ganze Genre ist einem inzwischen zuwider.

Selbstständigkeit wäre die Alternative, aber davor schrecken die meisten Menschen noch zurück, obwohl hierfür vom Staat Anreize geboten werden.

Wie soll ich vorgehen?

Wenn die Punkte 1 und 2 wirklich ausscheiden, sollte ich einmal mit Folgendem beginnen (es klingt jetzt ein wenig verträumt, aber macht es mal):

Geht zurück in eure Kindheit und findet heraus, was ihr als junges Mädchen, junger Bub, werden wolltet. Natürlich werden von diesen damaligen Wünschen sich heute nicht mehr alle erfüllen können. So viele Lokführer werden heute nicht mehr eingestellt…

Übersetzt den damaligen Berufswunsch einfach zeitgemäß. Wer sich als Lokführer gesehen hat, kann das Potenzial zu einem Anführer haben, zu einem Coach, einem Pionier, einem Lehrer für etwas Neues. Dann fühlt in euch hinein, was euch hiervon heute erfüllen würde. Lasst einmal die Überlegungen weg, wie ihr dahin kommt und ob es dafür eine Ausbildung gibt. Fühlt einfach nur tief in euch hinein, was euch wirklich Freude bereiten würde. Bei welcher Vorstellung geht euer Herz auf, selbst wenn es so etwas noch nicht konkret geben sollte? Dann kreiert IHR es doch! Ihr könnt darauf vertrauen, dass alles, was neu ist, euch und den anderen Menschen dienen und noch mehr Neues nach sich ziehen wird. Malt es euch aus, malt euch die neue Freude aus, die ihr erleben werdet. Legt die grobe Richtung dabei fest. Und jetzt entscheidet klar, dass ihr dieses Ziel erreichen wollt. Zieht wieder das Schwert!

Ladet die *Neue Energie* ein, euch dabei zu unterstützen. Es wird ihr viel Spaß machen, schließlich geht es um etwas Neues, möglicherweise noch nicht Dagewesenes.

Geht täglich dort hinein, lasst nicht locker. Nicht mit Druck, nur mit Entschiedenheit und einer möglichst hohen Leichtigkeit. Diese bekommt ihr, wenn euer Glaube an euch stark ist. Erzählt es jedem, dem ihr über den Weg lauft. Träumt bereits vor dem täglichen Einschlafen davon, so, wie ihr es als Kind auch gemacht habt. In eurer Tiefschlafphase werdet ihr dann alle Möglichkeiten durchspielen, auch wenn ihr euch an eure Träume nicht jedes Mal erinnert. Aber ihr bereitet es vor. Das Schöne hieran ist, dass ihr diese Veränderung längst in eurem Inneren beschlossen habt, schon als ihr anfingt, unzufrieden zu werden, ja, möglicherweise schon viel früher.

Und jetzt wird sich etwas präsentieren, garantiert! Eure Aufmerksamkeit ist gefragt. Ihr führt euch selbst dahin, wo ihr euer Ziel finden werdet. Hierauf könnt ihr felsenfest vertrauen. Zeigt euch selbst täglich dieses Vertrauen, tut es! Und wenn dann die Idee da ist, die euch begeistert, bitte verwerft sie nicht als undurchführbar. Bleibt auch jetzt in diesem Vertrauen, es ist doch nur wieder der nächste Schritt.

In diesem nächsten Schritt trefft ihr eine klare Entscheidung für das Ziel. Lasst dabei die kleinen Details außer Acht, sonst begrenzt ihr die Möglichkeiten des Zustandekommens. Fühlt nur die Essenz des Ziels, die Freude und euer Erfüllt-Sein, das Ziel erreicht zu haben.

In der *Neuen Energie* wird es leichter ablaufen als in der schweren alten, sofern ihr nicht zweifelt. Jedes Mal, wenn sich ein Zweifel einstellt, sagt ihm, er könne neben euch Platz nehmen und zuschauen, wie sich die Dinge entfalten.

So wird sich auch zeigen, welches der nächste Schritt sein wird. Macht so weiter, bis ihr am Ziel seid, und wenn es noch zehn weitere Schritte braucht. Es ist euer Leben, euer Erfüllt-Sein. Und es macht Spaß, etwas so zu kreieren. Es bereitet keine Mühe. Ihr müsst euch nur dahinterstellen und in dieser Präsenz bleiben. Auch das haben wir alle als Kind schon so gemacht, wenn wir nicht aufhören wollten, zu spielen. Und jetzt spielen wir einfach wieder.

Ein Punkt noch. Lasst euch nicht von diesem Spielen abhalten, durch nichts. Schiebt die sonst so liebgewonnenen Gewohnheiten des alltäglichen Lebens zur Seite. Und räumt euch mehr Zeit ein.

Paul: *Früher habe ich sehr gut mit Affirmationen und mentalen Übungen meine Ziele erreicht. Ich stelle inzwischen fest, dass dieses Vorgehen weniger zu Erfolg führt. Was hat sich verändert?*

Dein Bewusstsein steht vor der nächsten Veränderung. Du bist in einer neuen „Schulklasse“.

Affirmationen und mentale Übungen sind sehr gute Werkzeuge und dienen der Manifestation. Aber ihr Einsatz erfolgt überwiegend über den Verstand und verstandesorientierte Vorstellungen. Daher sind sie begrenzt.

In der Schule mussten wir ständig neuen Stoff lernen. Wir konnten damals mitansehen, wie sich unser Horizont dadurch zunehmend erweiterte und wir mit dem kleinen Einmaleins nicht mehr zu einem höheren Ziel gelangen konnten.

Es geht in dieser Zeitepoche darum, erweiterte Werkzeuge einzusetzen, bis zu dem Zeitpunkt, an dem wir keine mehr benötigen.

Eine sehr starke Kraft in uns ist unsere Emotionalität. Die Wirkung einer Emotion kennt jeder. Bist du zum Beispiel verliebt, hast du das Gefühl, Berge versetzen zu können. Mit diesem Gefühl versetzt du dann auch tatsächlich Berge. Alles geht dir viel leichter von der Hand. Oder du bist richtig wütend, in dir kocht es, es kesselt sozusagen. Vorsicht! Jeder sollte dir dann besser aus dem Weg gehen. Diese Kräfte können enorm zerstörerisch sein.

Der nächste Schritt für dich ist nun zu lernen, diese emotionalen Kräfte zum Manifestieren einzusetzen. Probiere es aus! Ich habe es hier schon einige Male beschrieben und werde auch immer wieder darauf zurückkommen.

Mit der *Neuen Energie* haben wir etwas kreiert, das unbegrenzt und auf pure Ausdehnung gerichtet ist. So empfehle ich, die Ziele nicht so eingeengt zu definieren und keine Erwartung an etwas Bestimmtes zu knüpfen, sondern sich am Ziel zu fühlen. Dafür brauchen wir unsere Emotionalität, unsere ganze Leidenschaft, unser Herz. Wenn wir uns dann unbegrenzt dort hineinbegeben, bringt es die *Neue Energie* zusätzlich in die Ausdehnung. Es geht dann sehr viel leichter.

Wir können also ab jetzt sagen: Du wirst zu dem, was du fühlst, oder: Erst wenn du es fühlst, bist du es! Das Ziel wiederum wird dir dann den Weg weisen, also die einzelnen Schritte, dorthin zu gelangen. Insofern können wir nun auch den schlauen Satz von früher „Der Weg ist das Ziel" wieder umkehren und in einem völlig neuem Licht sagen: „Das gefühlte Ziel zeigt uns den Weg."

Barbara: *Mir ist es jetzt mehrmals passiert, dass eine bestimmte Person meine E-Mail-Post nicht mehr bekommt, obwohl sich ihre Adresse nicht verändert hat und ich auch keine Post als unzustellbar zurückbekommen habe. Inzwischen vermute ich, dass sie kein echtes Interesse an einer Kommunikation mit mir hat. Kann so etwas sein? Ich glaube das zu spüren.*

Das ist sehr gut möglich. Unsere Computer spiegeln immer deutlicher, was in uns vorgeht. Ich habe diese Fälle ja schon beschrieben. Materie hat auch ein Bewusstsein, zwar nicht so, wie wir es von uns kennen, aber auf andere Weise schon. Jedes Atom ist mit Bewusstsein geladen, und diese Ladung hat auch zu dem Menschen eine Verbindung, der Zugang zu dieser Materie hat. Ein Computer ist mit dem Menschen grundsätzlich verbunden, da bereits seine Software durch das menschliche Gedankengut erschaffen wurde. So nimmt er auch die Schwingung desjenigen verstärkt auf, der ihn benutzt. Wenn Emotionalität im Spiel ist, steigert sich diese Verbindung noch. So ist deine Vermutung gar nicht so abwegig.

Sonja: *Inwieweit helfen mir Meditationen, die Neue Energie einzusetzen?*

Schöne Frage! Meditationen können immer eine wertvolle Hilfe sein, wenn wir uns dabei nicht selbst etwas vormachen. Viele Menschen wollen durch die Meditation etwas erreichen. Das ist dann keine echte Meditation, sondern eine Erwartung. Hiermit kommen wir nicht weiter, und von der *Neuen Energie* können wir schon gar nichts erwarten.

Meditiert nicht mit einem Ziel, sondern begebt euch in die Stille, in die Leere. Seid einfach dabei, egal, ob ihr etwas erlebt oder fühlt. Seid ohne jegliche Vorstellung. Wenn dabei Gedanken kommen, lasst sie kommen, sie gehen auch wieder, wenn sie von alleine gehen dürfen. Nichts wegschicken. Nichts müssen. Nur sein.

Natürlich können wir dazu die *Neue Energie* einladen. Vielleicht spüren wir dabei etwas, aber bitte nichts erwarten. Meditation ist höchst individuell und jedes Mal neu. Hier wiederholt sich nichts. Wir lernen dadurch, die Dinge zu lassen, anstatt sie konkret zu benennen und damit alles einzuengen.

Volker: *In letzter Zeit fühle ich in mir eine Zerrissenheit. Ich liebe meine Frau sehr und möchte dennoch frei sein. Wie kann ich damit umgehen? Soll ich mich für etwas davon entscheiden?*

In dieser Übergangszeit kann sich häufig ein solches Gefühl von Zerrissenheit einstellen, auch in anderen Lebensbereichen. Wir leben ja noch in der Polarität. Gleichzeitig führt uns die *Neue Energie* bereits in ein neues Bewusstsein. So entsteht in uns der Wunsch, alles gleichzeitig sein, leben und haben zu wollen. Seht es als normale Entwicklung an. Polarität schwingt hin und her. Auf Dauer wird sich hier dann etwas Neues einstellen.

In einer Beziehung kann das zu echter, erwartungsfreier Liebe führen, die jedem Partner die persönliche Freiheit gibt. Ein authentisches Sein stellt sich ein. Wenn jetzt die Liebe zum Partner groß ist, warum sich dann trennen? Durch die Kraft der Polarität würde sogleich wieder der Wunsch entstehen, mit dem anderen zusammenzusein. Das macht es dann nicht leichter, und meistens kommen noch Schuldgefühle hinzu.

Geht in das Gefühl von tiefer, freudvoller, erwartungsloser Liebe. Fühlt dabei, was euch selbst guttut, und gebt es euch. Nehmt euch Zeit, sich alles entwickeln zu lassen.

Marion: *Ist das, was wir bisher erlebt haben, jetzt alles wertlos, nur weil es eine Neue Energie gibt? Sollen wir das alles vergessen? Es waren doch wunderschöne Zeiten dabei.*

Nein, nichts ist oder war wertlos, keine Sekunde, kein Erlebnis. Jede Erfahrung bleibt für immer in uns, bis in alle Ewigkeit. Jeder Augenblick war es wert, gelebt zu werden, und so wird es auch bleiben. Wir verschieben jetzt nur die Perspektive. Dafür sind frühere Glaubensüberzeugungen und Vorgehensweisen nicht in jedem Fall förderlich. Sie würden uns behindern, das neue Bewusstsein zu integrieren und die *Neue Energie* anzunehmen.

Frühere Perspektiven waren begrenzt und auf etwas Begrenztes ausgerichtet. Wir waren davon überzeugt, es sei nicht genug von allem da. Viele Entscheidungen haben wir aus diesem Mangeldenken getroffen. Da schwangen teilweise uralte Ängste mit. Unser Bewusstsein möchte sich jetzt unentwegt ausdehnen, was aber nur geht, wenn wir uns dafür öffnen und keine konkreten Vorstellungen auf die Zukunft projizieren. Vorstellungen kommen größtenteils aus dem Verstand und orientieren sich somit an alten Erfahrungen. Die wollen wir aber nicht mehr machen, wenngleich sie immer noch schön sein können. Es wird aber noch viel schöner, bis hinein in unvorstellbares Glück.

Dorothee: *Worin liegt der Unterschied, ob ich etwas nach „oben" abgebe oder an die Neue Energie? Oder ist das jetzt dasselbe?*

Die Menschen, die früher etwas nach „oben" abgegeben haben, hielten sich noch für begrenzt. Sie taten sich auch mit klaren Entscheidungen schwer. Sie glaubten, der liebe Gott oder die Engel würden ihnen etwas abnehmen. Dann wunderten sie sich, wenn es nicht geschah. Sie zweifelten sogar am lieben Gott oder hielten sich nicht würdig genug.

Wenn ihr den lieben Gott, den Engel in euch annehmen, also euch selbst als Schöpfer ansehen würdet, könntet ihr eure Fragen dorthin richten: an eure innere Führung. Aber dazu solltet ihr klar sein, entschieden, mit der Absicht, die kreativste Lösung für euch vorzufinden. Da ihr mit der *Neuen Energie* verbunden seid, wird diese dann eine solche Lösung ans Licht „befördern", den Weg dafür ebnen, den ihr möglicherweise nicht für möglich gehalten hättet.

Macht es doch wie folgt, es ist nur ein Vorschlag:

Entscheidet euch, was ihr manifestieren wollt, zum Beispiel einen neuen Job. Übergebt diese Entscheidung eurer inneren Führung mit der Bitte, hierfür die kreativste, euch erfüllende Lösung zu finden. Ladet die *Neue Energie* noch zusätzlich ein, das von dort gewählte Paket zu befördern. Begebt euch danach in erwartungslose Aufmerksamkeit. Wenn die Lösung kommt, setzt das um, was noch eurer menschlichen Aufgabe bedarf.

Manuela: *Ich habe in den letzten Monaten große Stimmungsschwankungen, von himmelhochjauchzend bis zu Tode betrübt. Es gibt dafür aber keine besonderen sichtbaren Anlässe. Aber es beeinträchtigt mein Leben stark. Woher kommt das, und was kann ich dagegen tun?*

Nicht etwas **dagegen** tun wollen. Solche Schwankungen nicht bekämpfen, sondern sie jetzt als absolut normal einstufen. Auch so etwas kommt in der Übergangszeit öfter vor. Die Polarität zeigt sich hierin ein wenig stärker, bevor sich die Emotionalität erneuert. Es gehört zum Prozess dazu. Es geht einher mit inneren Loslass- und Reinigungsprozessen, Vergangenheitsbewältigungen usw. Dadurch wird unsere Gefühlswelt erneuert. Wir fühlen freier, tiefergehend, empfinden Glück neu.

Petra: *Bei mir hat sich ein Phänomen eingestellt. Ich halte sehr viele Vorträge und Seminare. Bisher hatte ich immer ein genaues Konzept für jede Art von Veranstaltung. Seit ungefähr einem Jahr lege ich diese Konzepte mehr und mehr zur Seite, weil ich sie nicht mehr konzentriert verfolgen kann. Wenn ich mich bemühe, Punkt für Punkt vorzugehen, gerate ich ins Stocken. Dann muss ich mich wieder neu konzentrieren. Dieses war zuletzt so schwierig, dass ich davon abgerückt bin.*

Gleichzeitig geschieht jetzt Folgendes: Wenn ich spreche, habe ich das Gefühl, das bin ich nicht. Aber es fließt leicht aus mir heraus, und es fühlt sich richtig an. Ich bekomme sehr viel mehr Aufmerksamkeit von den Teilnehmern. Spricht da die Neue Energie durch mich? Es ist etwas unheimlich, aber es macht mir auch große Freude.

Freue dich darüber! Dadurch, dass du den Druck aufgegeben hast, es perfekt machen zu wollen, ist in dir eine neue Tür aufgegangen. Nun konnte sich dein Inneres mit dir verbinden, und dieses Wissen fließt jetzt. Du spürst ja, es fühlt sich stimmig für dich an und wird von den Zuhörern aufgenommen. Es geschieht in Leichtigkeit. Deine umfassendere Persönlichkeit spiegelt sich hier. Vertraue weiterhin.

In jedem von uns ist alles angelegt, auch das Wissen um uns und was wir ausdrücken möchten. Wenn wir darauf vertrauen, fließt es klar und authentisch aus uns heraus. Es ist dann unsere Wahrheit. Diese wird dann auch gerne von unserem Umfeld als Wahrheit angenommen, ohne dass wir dafür den Einsatz erhöhen müssen. Im Gegenteil, es ist viel leichter. Wir müssen auch niemanden mehr überreden.

Sarah: *Ich sorge mich um meinen Partner. Er ist sehr realistisch, glaubt nicht an höhere Zusammenhänge. Das macht es oft schwierig, mit ihm über solche Themen zu sprechen.*

Derartige Sorgen machen sich viele Menschen. Es belastet ihre Beziehung, wenn sie sich nicht mit dem Partner darüber austauschen können, was verständlich ist. So richte ich mich nun an alle, die deswegen Kummer haben:

Ihr Lieben, fühlt einmal ganz tief in euch hinein. Fühlt euer Herz, wie es für diesen Partner noch schlägt. Ihr seid unglücklich, aber ihr habt beide gewählt, euren Weg ein Stück gemeinsam zu gehen. Ihr habt es so bestimmt, obwohl es für eure Seelen voraussehbar war, dass auch diese Entwicklung euch mit einer hohen Wahrscheinlichkeit erreichen würde, dieser Moment, den ihr nun erlebt. Ihr könnt Abschied voneinander nehmen, wenn ihr so nicht weiterleben wollt.

Jedoch nehmt euren Partner noch einmal mit anderen Augen wahr. Er hat im Moment nicht die gleichen Bedürfnisse wie ihr. Dennoch geht ihr einen gemeinsamen Weg. Spürst du seine Liebe zu dir, oder ist sie gänzlich versickert? Übernimmt er nicht einen wichtigen Teil einer Aufgabe, die für eure Beziehung wertvoll ist? Kannst du das für dich annehmen? Muss er jetzt deine Erwartung erfüllen? Könnte er es überhaupt? Wie drückt er seine Liebe aus? Wodurch? Entdecke, worin er sie ausdrückt. Entdecke seine Art von Verständnis zum Leben und zu dir. Fühlst du ein solches Verständnis in ihm? Es ist sein Verständnis, und es ist nicht besser oder schlechter als deins. Lässt er dich deinen Weg gehen? Hält er dich mit Macht zurück? Wenn er dich lässt, ist das doch ein Zeichen großer Liebe.

So sieh eure innere Vereinbarung, dass du, meine Liebe, vorangehen darfst, während er für die Sicherheit sorgt, die du vielleicht noch nicht umfassend hast, während du dich zu dem Neuen vortastest. Siehst du, wie angemessen das sein kann? Gehe weiter voran, sammle Erfahrungen und bringe sie durch dein Sein in diese Beziehung ein. Glaube, sobald dein Partner deine Sicherheit, mit der du das Neue lebst, gänzlich spürt, wird er auf seine Weise offen sein für einen ebensolchen Wunsch. Erwarte nichts, auch nicht, wie dann seine Schritte aussehen werden. Ihr könnt es beide jetzt nicht einschätzen. Wenn du das als eine tiefere Wahrheit fühlst, dann vertraue und lass dein Herz geöffnet.

Horst: *Ich finde es nicht gut, dass meine Frau sich mit all diesem esoterischen Kram befasst. Sie verliert sich darin, und es zerstört unsere Beziehung. Sie hat keinen Bezug mehr zur Realität, ihr ist alles egal. Alles, was wir gemeinsam aufgebaut haben, verliert seinen Sinn.*

Deine Sicht der Dinge ist nachvollziehbar und auch verständlich. Wahrscheinlich hilft es jetzt auch nicht, dir zu sagen, dass es weder Gut noch Schlecht gibt. Ursprünglich war Esoterik das Wissen um unseren Ursprung, unsere göttliche Existenz, die Verbindung zu uns selbst. Esoterik ist zuletzt ebenso in ein anderes Licht gerückt, wie auch andere Einflüsse in alle Bereiche des Lebens einziehen. Das entspricht der Polarität und den menschlichen Vorstellungen unterschiedlichster Art. Menschen haben die Neigung, alles zu bewerten und in ein Schema zu pressen. Überall finden wir das vor.

Die Frau, die du so liebst, ist auf der Suche nach dem tieferen Sinn des Lebens. Sie möchte Antworten auf Fragen bekommen, die sie vielleicht noch nicht einmal für sich selbst klar formulieren kann. Sie fühlt, dass das, was sie in ihrem Leben bisher erlebt hat, nicht alles sein kann, möchte dich aber nicht verletzen.

Stell dir vor, du bist in deinem Beruf nicht mehr zufrieden. Du überlegst, was du tun könntest. Tief in dir spürst du, dass du etwas verändern möchtest. Du weißt aber noch nicht, wie. Du weißt nur, es gibt eine Lösung, die sich woanders befindet. Du kennst dieses Woanders aber nicht. Es quält dich, weil es so nicht weitergehen kann.

Mit großer Wahrscheinlichkeit würde dich deine Frau darin unterstützen und dir Mut machen, nach neuen Lösungen zu suchen. Sie möchte dich glücklich sehen, erfüllt und erfolgreich. Vielleicht kann sie dir die Lösung nicht konkret nennen, aber sie würde dir ihre Liebe weiterhin geben und an deiner Seite stehen.

Es mag sein, dass du ein wenig Angst hast, dass deine Frau jetzt vom Weg abkommt. Sorge dich nicht unnötig. Nimm dir Zeit für eure Beziehung, für eure Liebe, für Momente des Genießens. Sei neugierig, welche Gefühle du jetzt in deiner Frau neu entdecken kannst. Lass sie sich mitteilen. Frage sie, welche Sehnsüchte sie hat, welche Wünsche sie in sich fühlt. Frage sie, ob und wie du ihr helfen kannst, losgelöst von Sorgen ihrerseits das zu finden, was für sie einen Wert hat.

Vielleicht haben sich eure Werte ein wenig verschoben. So ist es durchaus angemessen, wenn ihr euch auf die Suche macht, welche neue Möglichkeiten des Lebens, des Seins, sich auszudrücken, es geben kann. Auch neue Möglichkeiten des Miteinander-Seins. Keiner von euch hat eine falsche Ansicht vom Leben. Deine Frau macht sich nur auf den Weg nach neuen Möglichkeiten, weiterhin erfüllt zu sein. Das kann auch für dich bereichernd sein. Wenn du dich dafür öffnen kannst, wirst du dabei neues Glück entdecken, neue Leichtigkeit und Lebensfreude.

Hans: *Dehnt die Neue Energie auch mein Geld aus, wird sie mir mehr davon bringen?*

Klar, warum nicht?

Geld ist an sich eine neutrale Energie, ein Austauschmittel, es dient der Leichtigkeit des Handels. Geld ist also Mittel zum Zweck.

Wenn wir unsere Aufmerksamkeit darauf richten, was wir essenziell wollen, kann das Geld folgen. Möchten wir also ein neues Auto, haben aber kein Geld dafür, sollten wir uns nicht auf nicht vorhandene Geldscheine konzentrieren, sondern darauf, dass das neue Auto schon vor der Tür steht. Intensivieren können wir das, indem wir die Symbolik des Autos mitfühlen, die neue Mobilität, die wir dann haben, die Ausdehnung, die es uns bringt. So wird die *Neue Energie* sich mit unserer Vorstellung verbinden und die Manifestation fördern. Dadurch wiederum kommt Geld in Fluss oder eine andere Möglichkeit, das Auto zu erhalten.

Joe: *Führung in einer für mich neuen Weise:*

Wieder einmal stand ich in einem Buchladen mit spiritueller Literatur. Ohne konkret zu suchen, griff ich zu einem Buch, das den Kontakt zu Verstorbenen beschrieb. Als ich es wieder ins Regal legen wollte, sagte mir eine leise, innere Stimme, ich solle es kaufen. Da meine früheren Fragen bisher nicht vollständig beantwortet worden waren, verschlang ich sofort dieses faszinierende Buch. Es entstand gleich danach der starke Wunsch in mir, mit der Autorin in Kontakt zu treten. Ein aufschlussreiches Telefonat mit ihr weckte meine Absicht, die Autorin persönlich zu treffen, was sich bald ergab.

Die hellsichtige Frau fragte mich bereits zu Beginn, ob ich wisse, dass ich ein Heiler sei. Sie sehe es an Merkmalen in meinen Händen. Nach dem ersten Erstaunen musste ich an meinen Patenjungen denken, bei dem ich häufig das Gefühl hatte, dass heilende Energien von mir zu ihm strömten. Jetzt wurde mir klar, dass er mir diese Begabung als Lehrmeister bereits vermitteln sollte. Immer schon waren wir uns beide Schüler und Lehrer in einem.

In dieser Zeit unternahm ich Sonntags öfter Spaziergänge, was neu für mich war. Neu war auch der Weg, den ich wählte. Nachdem ich die Strecke einige Male gegangen war, hörte ich an einem bestimmten Punkt innerlich deutlich eine Stimme, die mich motivierte, in die Straße nach rechts abzubiegen. Als ich das überhören und einfach weiterlaufen wollte, blieb die Stimme sehr beharrlich. Also bog ich ab und kam nach einigen hundert Metern an einen Buchladen mit spirituellen Büchern. Interessiert betrachtete ich die Auslagen und entdeckte dort die Ausschreibung „Orientierungsabend zu energetischem Heilen". Mein Interesse war sofort geweckt. Ich wusste intuitiv, hier wurde ich in einer einzigartigen Sache geführt. Ich entschied mich nach dem Infoabend für die Heilerausbildung, in der ich viele Entwicklungen vollziehen konnte und die mich mit wunderbaren Menschen in Verbindung brachte. Die Energieübertragungen lösten in mir intensive, nachhaltige Bewusstseinserweiterungen aus. Inzwischen nehme ich regelmäßig an einem Heilkreis teil, in dem wir mit Unterstützung der Geistigen Welt Menschen behandeln, die sich nach Heilung sehnen.

Es ist tief berührend, miterleben zu dürfen, welche Veränderungen sich bei diesen Menschen einstellen. Mir war schon immer klar, dass wir geführt werden. Seit diesen Erlebnissen ist meine Beziehung zu Gott und der Geistigen Welt vertieft worden. Alles hat seinen Sinn, und wenn wir vertrauensvoll auf unsere innere Stimme hören und ihr folgen, kann sich unser Lebensplan vollständig entfalten und vollziehen. Einfach wunderbar!

Ja, so ist es! Vertraut! Hört auf eure innere Stimme!

Ingrid: *Inzwischen habe ich dein Manuskript gelesen und möchte meine Geschichte in die Berichte einreihen. Ich hatte schon immer eine feine Wahrnehmung, und in den letzten zwei Jahren hat sie sich noch weiter vertieft. Inzwischen fühle ich genau, von welcher Ebene jemand zu mir spricht, ob seine Worte aus dem Verstand kommen, aus dem Herzen oder sogar aus einer noch höheren geistigen Ebene. Ich fühle klar die Schwingung, nehme die Absicht dahinter wahr und die Echtheit beziehungsweise Ehrlichkeit. Ich kann das jetzt nur schwer in Worte fassen. Ich spüre es einfach. Es ist eine Art sicheres Wissen über meine Empfindungen.*

Dasselbe trifft zu, wenn ich etwas lese. Es ist dann etwa so, als ob die Person direkt zu mir spricht, als wenn ich sie tatsächlich hören würde. Ich verlasse mich inzwischen fest darauf. Es hilft mir sehr, andere Menschen einzuschätzen. So kann ich mich gut auf sie einstellen. Ich habe inzwischen natürlich auch die Neue Energie zu mir eingeladen. Habe sogar von ihr geträumt. Es fühlt sich wunderbar leicht an. Ich bekomme auch viel öfter Glücksgefühle, einfach so, ohne Anlass. Und dann geht auch alles leicht.

Ich kann nur bestätigen, dass die Entwicklungen in uns tatsächlich so ablaufen, bei jedem auf individuelle Weise. Einerseits erweitern sich die Sinne, andererseits treten neue Sinne und Sinnlichkeiten hinzu beziehungsweise verschmelzen miteinander. Wir müssen darauf nicht warten, es geschieht einfach. So müssen wir allenfalls noch lernen, diesen Wahrnehmungen zu vertrauen.

Christel: *Ich habe vor einigen Wochen Folgendes erlebt: Ich wollte mal wieder in die Sauna. Mir kam dazu der Gedanke, ich könnte mir ruhig ein Paar neue Schlappen zulegen. Diese Idee behielt ich erst im Hinterkopf und begab mich zur Sauna. Als ich dann den Hitzeraum betreten wollte, bemerkte ich, dass jemand davor fast zum Verwechseln ähnliche Schlappen, wie ich sie noch trug, abgelegt hatte. Nach dem Saunagang waren meine Schlappen verschwunden. Die anderen standen noch dort. Ich konnte die Besitzerin dieser Schlappen aber nicht finden. Also nahm ich mit ihren vorlieb. Hm, stellte ich fest, die sind ja bequemer, wohl noch sehr neu und eine Nummer größer als meine. Später machte ich mir Gedanken, ob das vielleicht gar kein Zufall gewesen war. Ich wollte doch neue Schlappen, und nun sagen mir diese neuen sogar noch: Christel, du darfst dich ruhig jetzt dafür entscheiden, dein*

Leben auf größerem Fuß als bisher zu leben. Bis dahin hatte ich nämlich immer die Angewohnheit, mich kleiner zu machen. So habe ich diese Geschichte, auch mit etwas Humor, dann für mich gedeutet. Und wirklich, ich schenke mir seitdem mehr Beachtung.

Super! Ein Beispiel, wie auch scheinbar banale Details uns auf etwas aufmerksam machen. Hier finden wir doch ebenfalls eine Ausdehnung vor. Gleich noch ein ähnliches Beispiel hinterher.

Renate: *Ich habe zwei Kühlschränke. Beide sind seit kurzem nicht mehr kühltauglich. Da gerade Winter ist, habe ich das erst einmal so hingenommen. Letzte Woche bekam ich zum Geburtstag 100 Euro als Bonus geschenkt, und so sah ich mich im Geist bereits einen neuen Kühlschrank kaufen, auch wenn 100 Euro längst nicht reichen würden.*

Vorgestern überredete mich meine Freundin, mit ihr auf den Flohmarkt zu gehen. Neben einem kleinen Transporter sah ich plötzlich einen Hinweis „Neuer Kühlschrank für 105 Euro“. Sofort ging ich darauf zu, um mich zu vergewissern, dass dies wohl eine Falle sein müsse. Nein, da stand wirklich ein Kühlschrank, sogar noch ein Stück größer als meine bisherigen. Er war noch versiegelt, also nagelneu. Ich konnte es kaum fassen. Vielleicht stammte er ja aus einer Geschäftsauflösung, egal, ich war happy und kaufte ihn sofort.

Ja, die Manifestationen beschleunigen sich, besonders wenn wir keine Erwartung haben, keinen Druck machen und die Lösung, wie sie zustande kommt, offen lassen.

Maria: *Ich bin seit etwa drei Monaten oft ohne bestimmten Grund traurig. Manchmal denke ich, das ist eine Depression. Ich weiß dann kaum, da herauszukommen. Eine Freundin hilft mir Gott sei Dank in solchen Momenten. Was ist mit mir los? Ich möchte auch keine Medikamente nehmen.*

Liebe Maria, ich fühle mit dir! Es muss sich nicht verschlimmern, sorge dich jetzt nicht noch mehr. Wichtig ist, dass es in deinem Umfeld einen lieben Menschen gibt, der dir hilft. Von Natur aus bist du sicher sehr feinfühlig. So wie ich dich jetzt wahrnehme, spüre ich bei dir eine tiefe Sehnsucht nach zu Hause. Das ist nicht der Wunsch zu sterben, sondern der Wunsch, wieder zu Hause sein zu dürfen, in Liebe aufgehoben, ganz davon umgeben zu sein. Dein Inneres Kind weiß doch, wo du herkommst und wie es dort ist. Spüre dem einmal nach.

Du fühlst dich hier auf der Erde im Augenblick etwas verloren. Das kann sich in dieser Übergangszeit häufiger einstellen. Wir sind offen und empfänglich für alles. So nehmen wir auch den Schmerz und das Leid in der Welt wahr. Manchmal machen wir es dann zu unserem Leid. Unterscheide das jetzt einmal und trenne das Leid davon ab. Umgib dich täglich mit Menschen, die eine frohe Natur haben. Erfreue dich am Detail. Es umgeben uns viele schöne Dinge. Richte deine Kinderaugen hierauf, damit sie wieder strahlen! Tue dir jeden Tag etwas Gutes.

Wolfgang: *Ich merke zunehmend, dass ich in meinem Umfeld nicht mehr verstanden werde. Spreche ich plötzlich eine andere Sprache, oder was läuft hier ab? Das betrübt mich ein wenig.*

So geht es im Moment vielen. Macht euch keinen Vorwurf, ihr geht nur euren Weg, und zwar immer bewusster. Wir erleben seit einigen Jahren immer stärker eine Spaltung. Der eine Teil der Menschen lässt die Veränderungen zu, nimmt sie an, setzt sie um, sucht sogar bewusst danach, und der andere Teil weiß von nichts. Dieser Teil sucht auch nicht, sondern geht wie selbstverständlich davon aus, dass alles immer so bleibt wie eh und je, mit den üblichen Aufs und Abs. Diese Menschen können wir kaum verändern, es ist auch nicht unsere Aufgabe. Wenn wir uns weiterentwickeln, haben sie aber die Chance, etwas zu erkennen. Können oder wollen sie sich aber nicht in etwas Neues hineinbewegen, dann sollten wir nicht versuchen, sie zu überzeugen.

Schwierig ist es für uns, wenn wir Freunde oder die eigene Familie nicht mehr erreichen. Es schmerzt. Das sind leider Begleitumstände, die wir momentan nicht ausschalten können. Wann diese Spaltung unter den Menschen wieder nachlässt, wissen wir alle nicht und können es auch kaum vorhersehen. Wir können nur an uns selbst festhalten. Wer möchte, kann sich daran orientieren. Lassen wir diese gesamte Entwicklung erst einmal zu. Jetzt kommt vielleicht die Frage: Verstärkt diese Spaltung die Polarität nicht noch mehr?

Ja, in dieser Hinsicht zunächst wohl. Aber ich schrieb ja schon, dass das Pendel in der Übergangszeit zunächst ein wenig heftiger, extremer ausschlagen wird, bevor es sich, wann auch immer, im Großen neu einrichten kann.

Karin: *Ich fühle mich oft so einsam. Das kenne ich gar nicht, weil ich eigentlich ein lebenslustiger Mensch bin. Ich lebe momentan zwar nicht in einer Beziehung, aber das macht mir wenig aus. Es ist eine andere Einsamkeit.*

Auch solch eine Phase kann zur jetzigen Entwicklung dazugehören. Sie wird sicher nicht sehr lange andauern. Je weiter wir den Weg der Bewusstwerdung in der Neuen Zeit gehen, desto unabhängiger werden wir. Im Außen finden Ablösungsprozesse statt, indem wir Veränderungen in den Beziehungen zum Umfeld vornehmen oder Menschen uns den Rücken kehren. Und auch im Inneren finden Loslassprozesse statt, die wir nicht unbedingt bewusst erleben. Dazu können noch Wechsel in unserer geistig-universalen Führung erfolgen, bis wir irgendwann keine Hilfe von dort mehr erwarten können.

Allein sind wir deswegen nicht, aber es fühlt sich ein wenig so an. Es ist auch ein Übergang. Du wirst diese Veränderungen ebenso meistern wie die bisherigen. Vertraue dich deiner inneren Führung an und erfreue dich auch immer an den kleinen Dingen im Leben, dann wird die große

Freude bald wieder einkehren. Erinnere dich regelmäßig, aus welcher großen universalen Familie du stammst. Diese Familie wirst du unter deinen Mitmenschen wiederfinden.

Unabhängig von diesen Prozessen sind wir in der *Neuen Energie* dabei, alle unsere Aspekte, alle Anteile von uns, die sich abgespalten haben oder eingeschlummert sind, wieder zu wecken und einzusammeln, um uns als Ganzes zu erleben.

Gehen wir noch einen Schritt weiter:

Stellt euch jetzt einmal vor, IHR seid jetzt die wichtigste Inkarnation aller Inkarnationen eurer Seele, aller Leben, die ihr jemals gelebt habt. Denn JETZT wacht ihr auf und werdet euch eurer Gesamtheit, die ihr seid, bewusst. Ihr überschaut etwas, was noch keins eurer bisherigen Leben überschauen konnte, nicht aus dieser Perspektive. Macht es euch bewusst! Damit nehmt ihr einen bedeutenden Einfluss auf alle eure gelebten Inkarnationen.

Kommt, wir sprechen diese jetzt einmal allesamt an. Schieben wir Raum und Zeit für einen Moment zur Seite. Sie sind jetzt in diesem Moment hier bei euch, vielleicht fühlt ihr es:

Ihr Lieben, ich danke euch für alles, was ihr schon vor mir erlebt habt, in euch tragt und an mich weitergeben konntet. Ihr habt an Freuden und Leiden, an unaufhörlichen Erfahrungen teilgenommen, schöne und traurige Schicksale durchgemacht, Macht und Ohnmacht in allen Varianten erlebt, seid geliebt und gehasst worden, gepeinigt und auf den Thron gehoben worden, durch Höllen gegangen und auf Wolken geschwebt, habt alles durchgemacht. Euch gebührt größter Dank, größter Respekt, allergrößte Liebe! Ihr könnt nun alles hinter euch lassen, was ihr noch mit euch herumtragt. Es gibt für nichts eine Schuld, ihr seid für alles gesegnet. Nehmt dies jetzt in euch auf und fühlt euch wirklich vollkommen frei und erlöst. Ihr tragt kein Karma in die Zukunft, seht es in Liebe aufgelöst. Unsere Seele ist eins mit uns allen. Wir sind alle eins und werden es ewig bleiben.

Seht, wie sich alle jetzt die Hände reichen, mit welch übergroßer Freude jedes Leben Anteil nimmt, berührt ist, aufleuchtet, singt, tanzt, lacht...WELCHE LEICHTIGKEIT!

Fühlt ihr euch jetzt auch erleichtert, frei, unendlich geliebt? Es ist, als ob ihr aus einem Traum erwacht. Jetzt beginnt eine neue Realität. Seid voll dabei, mit offenem Herzen, total!

Susanne: *Meine beiden Kinder, sieben und neun Jahre alt, sind in den letzten Wochen viel fröhlicher, sie sind in einer Leichtigkeit, die für mich neu ist. Ich habe keine Erklärung dafür, aber ich empfinde große Freude darüber.*

Das ist doch großartig! Wenn Kinder sich leicht fühlen, lacht das Herz. Es steckt sofort an. Wenn Kinder frei sein dürfen, sich nicht ewigen Zwängen hingeben müssen, entsteht in ihnen jetzt und künftig viel mehr Leichtigkeit. Leider ist das noch längst nicht überall so. Die Gesellschaft ist noch sehr in ihren Mustern gefangen. Aber es gibt Kinder, die sich davon nicht beeindrucken lassen, sagen wir Sonnenkinder. Sie übertragen dann dieses Gemüt auf ihre Umgebung. Die *Neue Energie* dehnt diese schon vorhandene Leichtigkeit schnell aus. Kinder unterstützen uns sehr, wenn wir sie in ihrer Natürlichkeit lassen. Wünschen wir uns, dass künftig mehr Kinder in diese Leichtigkeit kommen dürfen, es gehört zum Wundervollsten, was wir hier auf der Erde erleben können.

Thomas: *Ich nehme immer stärker wahr, wie Psychostress, Überlastung und körperlicher Stress vielen Arbeitskollegen das Arbeiten verleidet. Gehört das zur Neuen Zeit dazu? Wie kann ich mich persönlich dagegen schützen? Es fällt mir sehr schwer, das von mir fernzuhalten.*

Das Thema wird inzwischen zu einem Massenphänomen, aber ich greife es hier auf, weil es gut hineinpasst.

In der Tat haben wir damit wieder ein Beispiel, wie sich in der *Neuen Energie* vieles verstärkt und sogar extrem werden kann, damit es unübersehbar wird. Überall in den Betrieben, die noch die alte Philosophie beibehalten, wird der Druck erhöht, um konkurrenzfähig zu bleiben, die Produkte auf dem Markt absetzen zu können, Kosten zu sparen usw. Die Verantwortung für den Erfolg wird dort zunehmend auf die Arbeitnehmer abgeschoben. Kann das noch lange so weitergehen?

Als Einzelner hat man die Wahl. Entweder erfülle ich die Erwartungen der Firmenleitung, oder ich muss mit einer Entlassung rechnen. Oder gibt es eine echte Lösung?

Die echte Lösung verlangt Mut und Selbstvertrauen. Den Mut zu sagen, dass es fünf vor zwölf ist und der Arbeitgeber nicht mehr viel von meiner Arbeitskraft hat, wenn weiterhin dieser Druck aufrechterhalten wird. Ich nenne das auch Zivilcourage. Das braucht Selbstvertrauen. Woher nehmen?

Im Kleinen anfangen. Jeden Morgen vorstellen und sehen, wie ich entspannt zur Arbeit gehe und der Tag leicht abläuft. Während des Arbeitens immer wieder durchatmen, bewusst die Schultern freimachen. Die Kollegen mit meiner inneren Ruhe anstecken. Kurze Pausen einlegen. Eine Pause ist kreativ. Jeder sollte ständig schauen, wo die Abläufe vereinfacht werden können und wo es möglich ist, Verantwortung umzuverteilen, zu delegieren oder ganz abzuziehen. Es gibt sehr viele Veränderungsmöglichkeiten, die Stress entgegenwirken.

Chefs und Arbeitgeber sprechen mehr darauf an, als mancher vermutet. Sonst wäre als nächster Schritt der Gang zum Betriebsrat ratsam. Man muss sich trauen, sonst bewegt sich nichts. Als Arbeitnehmer stehen einem mehr Rechte zu, als viele vermuten.

Wenn das alles nicht fruchtet, sollte man es auf eine Kündigung ankommen lassen. Die Gesundheit und das Wohlbefinden der Mitarbeiter stehen an erster Stelle, und die Beachtung dessen zählt zu den Hauptpflichten, die ein Arbeitgeber zu beachten hat. In einem Kündigungsgespräch lässt sich dann immer noch eine Kündigungsart finden, die Arbeitslosengeld nach sich zieht.

Oder aber wir ziehen die Konsequenz selbst und gehen. Ich möchte damit zum Ausdruck bringen, dass jeder Einzelne eine gewisse Verantwortung mitträgt, ob Stress entsteht oder nicht. Erst wenn keine Maßnahme mehr den Druck auflöst, kommen weitere Schritte zum Zug. Wir dürfen nicht immer gleich aufgeben und uns allem beugen.

Wer diesen Weg konsequent geht, kann nicht dabei abstürzen, weil er in seinem eigenen „Soll" ist. Und die *Neue Energie* wird dieses Bewusstsein erkennen und voll unterstützen. Es wird leichter sein, als wir uns das vorstellen. Wenn ihr in eurem Plan seid, werdet ihr nicht nur von innen unterstützt, sondern auch von außen. Sehr schnell wird das gehen. Eigenverantwortung, Mut und Vertrauen sind hierfür die wichtigen Voraussetzungen.

Inzwischen gibt es immer mehr Menschen, die das aufbringen und es auch leben, was zu weiteren Entwicklungen beiträgt.

Abschließend möchte ich noch folgenden Aspekt aufgreifen: Wenn tatsächlich ein nicht zu ertragender Stress entsteht und nicht abgebaut werden kann, liegt auch die Frage nahe, ob der Arbeitsplatz oder die Arbeit an sich überhaupt noch zu mir gehört. Es kann auch der Hinweis für eine grundsätzliche Veränderung sein. Inzwischen gibt es auch schon sehr viele Firmen, die eine neue Philosophie umsetzen. Dann wäre ich dort sicher besser aufgehoben.

Christine W.: *Die Neue Zeit, die Neue Energie, hat auch für mich einige Veränderungen gebracht:*

Eine andere Wahrnehmung des eigenen ICHs, mehr Einklang mit der Natur und ihren Wesen, wundervolle Bilder von Lichtgestalten, Orb-Ansammlungen und Energien mit friedvoller Weite. Wertvolle, bereichernde Menschen, die in mein Leben treten, und langjährige Begleiter, die sich entfernen.

Mein Schlafverhalten ist verändert, ich habe jetzt zwei bis drei Stunden Schlaf, Nächte mit sehr heftigen, intensiven Träumen, danach kommt eine wache, aufwühlende Phase und abschließend noch einmal Schlaf. Anfangs wollte mein Verstand diese Träume nicht als meine annehmen, bis zu dem Zeitpunkt, als alles immer klarer wurde, Träume sich wiederholten und ich sie noch intensiver spüren durfte.

Sehr faszinierend war es, als mein Inneres aus meinem physischen Körper trat und die Hülle nur Beobachter meines nebenstehenden Inneren war, bis ich durch eine feurige Hitze und ein starkes Licht am Stirnchakra aus diesem Zustand wieder erwachte.

Dann durfte ich noch eine Traumreise, meine Reise in die Neue Energie, machen. Dieses Gefühl zu beschreiben, ob es hierfür die richtigen Worte gibt? Es fühlte sich an, als wenn sich mein Herz, die Seele, mein innerer Kern öffnet, wie ein riesiger Vulkan in einem Expressflugzeug mit Lichtgeschwindigkeit sich in die Höhen begibt zu seinem Ursprung, eine Sternenreise in einer Leichtigkeit und unendlichen Weite, grenzenlos, in einer atemberaubenden

Schönheit und in hellem, strahlendem Licht. Ein unglaubliches Gefühl, für das erst einmal eine neue Definition kreiert werden muss.

Ein NICHTS ohne Raum und Zeit, vollkommen in Liebe, Frieden, Leichtigkeit und Schönheit.

Ich würde dieses Gefühl als reine, pure, bedingungslose Liebe bezeichnen.

Ich bin sehr dankbar für diese unglaublichen Erfahrungen, mit denen ich wachsen darf. Ich bin für alles bereit, was kommt, und nehme es an.

Sehr bewegend. Das kann ich nur so stehen und auf euch wirken lassen…

☆☆☆

Noch einmal das Große betrachten

Von Beginn unserer Menschheitsgeschichte haben wir stets mit derselben Menge Energie manifestiert. Wir haben immer mit demselben Baukasten gespielt und so nur die Geschichte dieses Baukastens verändert. Häuser gebaut, sie abgerissen, neue Häuser gebaut usw. In diesem Sinn haben wir ständig nur Energie hin und herbewegt. Trotz der schier unglaublichen Möglichkeiten, die dieser Baukasten hergab, war er letztendlich dennoch begrenzt.

Nun haben wir einen neuen Baukasten, um bei diesem Bild zu bleiben. In Wahrheit ist das Neue kein Baukasten mehr, es ist eher ein Zauberreich der unbegrenzten Möglichkeiten.

Damit wir jetzt auf dieses Zauberreich aufmerksam werden, muss uns der alte Baukasten immer begrenzter erscheinen. Wie soll das gehen?

Durch ein wenig Zerstörung. Als wir als Kind mit Bausteinen ein Haus bauten, hielt dieses selten lange. Entweder zerstörte es der große Bruder oder die kleine Schwester. Und wenn diese es nicht taten, bekamen wir selbst Lust, das Haus auseinanderzunehmen, um ein neues zu bauen. Das Schönste war dann, wenn wir zu Weihnachten neue Bausteine geschenkt bekamen. Diese Erweiterung war wieder ein großer Ansporn, etwas Neues zu kreieren.

Inzwischen hatten wir auf der Erde Bescherung. Wir haben uns mit der *Neuen Energie* beschert, nicht mit neuen Bausteinen, sondern mit dem Zauberreich.

Schauen wir uns einmal um. Was geschieht seit längerer Zeit auffallend? Zerstörungen haben deutlich zugenommen. Das Alte geht zunehmend zugrunde. Alte Werte, Systeme, Glaubensüberzeugungen, Vorgehensweisen, usw. Dort, wo die Menschen diese selbst nicht zurücklassen, erleben sie Zerstörungen über die Natur: Erdbeben, Feuer, Wasser, Sturm...

Wir können jetzt differenzieren zwischen den verschiedenen Elementen und ihrer Wirkung. Wenn zum Beispiel Wasser im Spiel ist, geht es durch seine Zerstörungskraft letztendlich um die Freilegung von Gefühlen bei den Menschen, die das Leben bis dahin zu sehr vom Verstand bestimmt hatten. Da alle Elemente zum Einsatz kommen, geht es wirklich um ALLES, um alle Lebensbereiche.

Egal, wo und wie, jede Zerstörung bewegt zum Neuaufbau. Die verstärkten „Katastrophen" verdeutlichen die Notwendigkeit, alles Alte infrage zu stellen.

Nun können wir wieder den Blick auf uns richten. Wie geht es uns? Was bebt, was tobt in uns? Was funktioniert bei uns nicht mehr? Was wird „krank"? Was wird uns entzogen? Worin erfahren wir Einschränkungen? Kaum ein Mensch ist davon unberührt. Jeder wird aufmerksam gemacht, sein Leben, seine Einstellung, seine Überzeugung, wie die Dinge zu funktionieren haben, zu verändern. Diese Zerstörungen im Kleinen wirken sich ebenfalls aus und gehen mit den großen Veränderungen einher. Wie im Großen, so im Kleinen, und umgekehrt. Das Universum ist ein Hologramm.

Schauen wir uns eine ganze Gesellschaft an, einen Staat. Jeder Staat hat seine individuellen Herausforderungen, unabhängig davon, dass wir alle auch noch in einem Boot sitzen, sprich, auf einer Erde leben. Jeder Staat kann von den anderen Staaten und Kulturen lernen. Dort, wo eine größere Bereitschaft für Veränderungen besteht, stellen sich Erneuerungen schneller ein. Das kann bis in alle Bereiche hineingehen, in die Wirtschaft, die Bildung, die Schaffung neuer Arbeitsplätze usw.

Es ist sehr spannend, sich diese Veränderungen anzuschauen, auch wenn sie durch Zerstörungen erreicht werden. Natürlich gibt es dabei Opfer. Und es berührt uns tief, wenn wir das Leid mitfühlen. Aber auch darin liegt eine große Chance. Wir können uns hierdurch neu orientieren, mehr Mitgefühl aufbauen, mehr Nächstenliebe einbringen, mehr „Gerechtigkeit“, Freiheit und auch Liebe zu uns selbst entstehen lassen. Und um diese Werte geht es im Besonderen.

Die Menschen haben ihre tiefen Gefühle in der letzten Erdepoche zurückgestellt, sie haben sie zugunsten des Verstandes versickern lassen. Diese Erfahrung war ebenso gewählt, um zu erleben, welche Auswirkung dies auf alles hat. Zuletzt war es für viele nicht mehr vorstellbar, welche Kraft, welche Magie, welche Liebe sie damit aufgegeben haben. Sie haben sogar die Menschen belächelt, die sich wieder auf die Suche nach den verschütteten Gefühlen gemacht haben. Sie haben sich suggeriert, Gefühle säßen auch im Verstand. Sie wollten eine Strategie für Gefühle entwickeln, wo und wie sie einzusetzen sind, damit bloß der Verstand die Oberhand behält. Und wen wundert es: Sie haben sogar daran geglaubt und sich dadurch besonders clever gefühlt. Doch diese Epoche ist jetzt zu Ende.

Noch ein Satz zu den Opfern der Katastrophen. Bringen wir ihnen und ihren Angehörigen tiefes Mitgefühl entgegen, allergrößten Respekt!

Sehen wir dabei noch Folgendes: Tief im Inneren haben sie dieser Rolle zugestimmt. Es gibt dafür zwei Gründe. Zum einen haben sie alle selbst einen persönlichen, inneren, seelischen Grund, sich darin zu erleben. Frühere Inkarnationen liefern hierfür meistens die Motive. Bewusst ist es diesen Menschen natürlich nicht.

Zum anderen haben sie sich entschieden, an einem Massenschicksal teilzunehmen, das für die kollektive Entwicklung aller Menschen dieser Epoche eine Bedeutung hat. Dabei geht es besonders darum, uns alle aufmerksam zu machen, die Werte für das LEBEN neu zu entdecken und uns wieder verstärkt für Gefühle zu öffnen. Danken wir ihnen dafür!

Peter: *Stehen Massenentlassungen auch in einer Beziehung zur Neuen Energie, und wie sollen wir uns hier verhalten?*

In den letzten Jahren kam es häufiger zu solchen Aktionen. Das ist im Prinzip nichts Neues. In der Polarität gab es immer schon Ebbe und Flut. Es mag sein, dass sich das nun in Zeiten der Wirtschaftskrise vorübergehend schwieriger als früher darstellt.

Worin liegen aber in der Neuen Energie die Herausforderungen und auch die Lösungen?

Diese Entlassungen führen derzeit in den meisten Fällen nicht dazu, dass an der nächsten Ecke ein neuer Job wartet, der die Versorgungslücke sofort schließt, was bei den Entlassenen große Angst auslöst. Wie geht es weiter? Wie kann ich meine Familie jetzt ernähren? Das Arbeitslosengeld wird nicht reichen, den bisherigen Lebensstandard aufrechtzuerhalten.

Eine neue Lösung ist also in fast allen Fällen nicht sofort in Sicht. Wie kann jetzt die *Neue Energie* helfen?

Wenn ihr jetzt Panik bekommt, kann dies nicht zur Verbesserung eurer Situation führen, eher zur Verschlimmerung. Ihr seid vorübergehend arbeitslos, also stillgelegt. In dieser Stille liegt die größte Chance. Betrachtet die zurückliegende Zeit als vergangen. Begebt euch in einen Moment der völligen Neutralität. Kein Bewerten, seid absolut mit dem einverstanden, was gerade ist. Nichts kommt ohne Sinn. Es geht für jeden um eine Erneuerung. Ihr wisst nur nicht, wohin es euch führen wird. Vertraut jetzt, dass sich sogar rasch eine bessere Situation einstellen kann, als ihr sie vorher hattet. Ihr schüttelt mit dem Kopf? Unmöglich? Unrealistisch?

Erinnern wir uns an das Zauberreich, in dem wir uns inzwischen befinden. Wir spielen nicht mehr mit den alten Bauklötzen. Spielt ein neues Spiel. Stellt euch vor, ihr seid soeben auf die Erdenbühne gekommen. Was möchtet ihr gerne arbeiten, mit viel Freude? Wie möchtet ihr euch ausdrücken? Welche Potenziale sind im alten Leben nicht zum Zug gekommen? Malt euch jetzt das Freudvollste aus, was ihr euch für euch an Arbeit vorstellen könnt. Lasst wieder die Details weg. Ladet die *Neue Energie* ein, euch diese Arbeit zu bringen, und vertraut darauf. Das ist naiv, denkt ihr?

Wer ist denn der Schöpfer eurer Realität? In diesem Fall nur das Arbeitsamt? Gibt es in dieser scheinbaren Not plötzlich keine Möglichkeit mehr, etwas Neues zu kreieren? Motiviert euch jetzt! Steht auf, zieht wieder das Schwert! Entscheidet euch für das Freudvolle und Erfüllende und vertraut! Beobachtet, welche Impulse euch in den nächsten Tagen erreichen! Ohne Druck! Seid im höchsten Grad aufmerksam. Ihr bekommt die nächsten Ideen von innen präsentiert, oft parallel dazu im Außen. Dann geht im Außen die notwendigen Schritte. Egal, ob ihr euch vorstellen könnt, wo die Türen aufgehen müssen. Habt ihr eine Idee, liegt es einzig an euch, daran so lange zu glauben, bis sie zur Realität geworden ist.

☆☆☆

Energiekrise

Warum haben wir eine Energiekrise? Warum gerade jetzt? Warum wird sie noch nicht gemeistert?

Es ist die Krise der alten Energie. Sie zeigt deutlich auf, dass die alten Energien ersetzt werden sollten. So lange aber die Wissenschaftler und Forscher sich noch schwertun, neue Energien überhaupt zuzulassen, dauert es noch ein wenig. Sie suchen in den alten Energien nach neuen Lösungen. Diese sind dort aber nicht mehr zu finden, sie sind aufgebraucht. Alles Alte war von Beginn an begrenzt, und nun finden wir das so vor. Selbst wenn hier und da noch ein Depot erschlossen wird, es wird letztlich nicht reichen.

Die Krise ist im Grunde in den Köpfen der Menschen, im beschränkten Verstand zu finden. So lange dieser weiterhin vor anderen Dimensionen zurückschreckt, wird er auch nichts Neues entdecken.

Inzwischen aber gibt es Menschen, die über die 3D-Grenzen hinweggehen. Es ist klar, dass es ein neutrales Potenzial gibt, aus dem wir andere Energien kreieren können. Ebenso ist es möglich, aus anderen Seinsebenen des Universums zu schöpfen. Wir müssen es nur tun. Und der Rest der Welt sollte diese Menschen, die das Wissen darum haben, schöpfen lassen beziehungsweise sie darin unterstützen.

Was uns ebenfalls bei der Bewältigung der Energiekrise bremst, ist die Vorstellung, alles müsse im Außen zu finden sein. Das Neue ist in uns zu finden. Wir müssen uns interdimensional orientieren.

Die Energiekrise könnte rasch der Vergangenheit angehören. Dazu gehört ein größeres Umdenken, ein Lösen von alten Energien und ihren Gesetzmäßigkeiten.

Die *Neue Energie* wird sich weiter ausdehnen, sich überall einbringen. Wir sollten jede Entwicklung, die einfach und leicht beginnt, mit Freude und Leidenschaft aufrechterhalten, sie fördern, wo wir nur können.

☆☆☆

Neue Energie – Der nächste Schritt

Bisher haben wir die *Neue Energie* als eine gemeinsame kollektive Kreation angesehen und sie als eine Energie betrachtet, die sich uns von außerhalb nähert. Dazu haben wir sie eingeladen.

Psychologisch war das für uns Menschen vielleicht der angemessenste Schritt, uns mit ihr zu verbinden beziehungsweise eine solche Verbindung geschehen zu lassen.

Erinnern wir uns: Wir alle haben diese Energie gemeinsam erschaffen. Ja, DU auch, auch wenn du es nicht glauben magst. Dazu sind wir auf eine uns tief unbewusste Ebene gegangen. Dort treffen wir schon immer die großen Verabredungen für kollektive Darstellungen. Ja, auch für Kriege…

Auf dieser Ebene sprechen wir mit einer Stimme. Dort gibt es die Dualität nicht. Wir sind eins.

Was jetzt ansteht ist, dieses Einssein auf die bewusste Ebene zu bringen, um zumindest geistig aus der polaren Betrachtungsweise auszusteigen.

Vollziehen wir also den nächsten Schritt. Verankern wir in uns, dass wir in dem Moment, in dem wir auch nur das Geringste kreieren, damit untrennbar eins sind. Das ist wörtlich zu nehmen, auch wenn es wie eine philosophische Spielerei erscheint. Es gilt, dieses zu verinnerlichen. Warum wird immer von der Überseele gesprochen? Ist es nicht die Projektion von Allem-was-ist auf diese Überseele, weil wir uns noch immer „unten“ ansiedeln? Für den Menschen ziemt es sich nicht, sich als Gott zu bezeichnen, allenfalls als Schöpfer seiner Realität, das geht gerade noch durch. Im Ursprung aber sind, waren und werden wir immer eins sein. Woher kommt sonst diese tiefe Sehnsucht in uns nach Verschmelzung, die wir nicht in Worte fassen können, weil sie so tiefgehend, so umfassend ist? Warum haben die Religionen uns nach der Vielgötterei den **Einen** präsentiert?

Nachdem wir nun diesen Einen die ganze Zeit außerhalb von uns angesiedelt haben, ist es jetzt an der Zeit, damit eine Verschmelzung einzugehen.

AUCH DU BIST GOTT!

Für diese Feststellung wäre ich vor noch nicht allzu langer Zeit verbrannt worden. Bin ich vielleicht auch in einer meiner vielen Inkarnationen.

Erinnern wir uns noch einmal: Wir hatten die Erdenbühne gewählt, um das EINE in Teile zu zerlegen. Wenn wir jetzt alle Teile wieder zusammenlegen, sehen wir wieder das Ganze.

Also fühlen wir uns ab jetzt eins mit der *Neuen Energie*, denn sie ist in uns, eins mit uns.

Was heißt das nun für unser weiteres Denken und Handeln? Aus diesem Sich-eins-Fühlen, aus dieser Selbstverständlichkeit heraus gibt es nur noch das völlig Authentisch-Sein. Darüber hinaus Alles-was-ist als Teil von uns zu betrachten, nicht mehr aufzuspalten, nicht mehr zu polarisieren, nicht mehr zu urteilen. Seien wir uns bewusst, dass **wir** die *Neue Energie* sind.

Nimm dir einen Moment Zeit. Lass das Buch geöffnet in deinen Händen ruhen. Lehne dich zurück. Atme ruhig einige Male tief durch, eher sanft, aber dennoch tief und gleichmäßig. Spüre dabei deinen Körper von den Füßen bis in die Haarspitzen. Kannst du deinen Puls wahrnehmen? Dein Herz für dich schlagen fühlen? Spüre die Liebe deines Herzens. Lass es ganz aufgehen, weiter…

Sprich nun die Neue Energie an, begrüße sie in dir. Sie hat sich dir geschenkt, ist verschmolzen, eins mit dir.

Fühle dein Sonnengeflecht. Lass es warm werden. Lass es sich ausdehnen. Weiter noch. Lass sich die Wärme ausdehnen. Weiter und weiter. Umfassend. Bis in die Zehen, die Finger, die Haarspitzen.

Jetzt noch weiter. Über deinen Körper hinaus. In jede Richtung. Weiter und weiter. Bis zum Horizont. Über den Horizont hinweg. Hinein in die Unendlichkeit…

Spürst du noch das Buch in deinen Händen? Nein? Seid ihr verschmolzen? Eins?

Schließe es für einen Moment und schlage es dann wieder auf, irgendeine Seite, ganz spontan.

Welcher Absatz springt dir in die Augen? Lies! Es sagt dir etwas, es spricht zu dir. Nimm es auf in dein Herz.

Wann immer du in Zukunft einen Hinweis, einen Rat brauchst, schlage spontan das Buch auf und verinnerliche, was du dort liest. Nimm es mit in den Tag, lass es dich begleiten. Es ist *Neue Energie*. Deine Energie. Sie wird dort in deinem Leben wirken, wo gerade etwas für dich ansteht.

Ein neues Wir-Gefühl bahnt sich an

Wenn du nun eins bist mit dir und der *Neuen Energie*, stellt sich eine neue Balance in dir ein. Du wirst sie spüren. Es ist ein Gefühl von Sicherheit und Klarheit, verbunden mit einem Wissen, dass alles in dir ist. Du kannst darin ruhen. Du kannst auch darin aktiv sein. Sei so, wie du möchtest.

Du wirst jetzt immer deutlicher feststellen, dass dein Umfeld dich anders wahrnimmt. Wirst du bereits mehr angelächelt an sonst? Einige Menschen sind möglicherweise auf Distanz gegangen. Lass es so sein. Das ist durchaus angemessen. Nicht jeder kann mit dir in der *Neuen Energie* etwas anfangen. Bewerte es nicht weiter. Gehe auf die Menschen zu, zu denen du dich hingezogen fühlst. Ihre Nähe wird ein angenehmes Gefühl in dir auslösen.

Suche dir darüber hinaus neue Freunde, wenn du magst. Schau, welche Menschen Leichtigkeit ausstrahlen, unbelastet, frei, fröhlich, aufgeschlossen sind. Sie passen jetzt mehr zu dir.

Wenn ihr kommuniziert, ist keine Schwere mehr dabei. Ihr könnt unbefangen über alles sprechen. Der Austausch ist ausgewogener, wird auch tiefer gehen, erfüllender sein, und dennoch in einer Leichtigkeit und Herzlichkeit. Willkommen zu Hause! So finden sich himmlische Familien auf der Erde neu. Jeder ist er selbst, und gemeinsam fühlt man sich auch eins. Jeder wird in seiner Individualität, in seiner Einzigartigkeit angenommen, und das mit Freude.

Stellt euch vor, was eine solch neue Gemeinschaft in eurem weiteren Umfeld auslösen wird. In jedem Fall Neugier. Fragen wie: Was geschieht hier? Was geht hier vor? Wie kommt so etwas zustande? Haben die ein besonderes Geheimnis? Das würde mir auch gefallen.

Projiziert dies dann auf die ganze Gesellschaft, auf unsere gesamte Erdbevölkerung. Warum nicht? Warum sollte es sich nicht weiter ausdehnen? Die *Neue Energie* ist doch überall und in allem enthalten. Ich möchte keine rosarote Wolke malen, aber lassen wir es sich mal entwickeln. Bestimmt wird es ansteckend sein und einen neuen Virus in sich tragen...

Wenn andere Menschen auf euch zukommen und euch fragen: Wie machst du das? Du bist so gelassen. Du wirkst so sicher, so klar. Du vermittelst das Gefühl, alles geht so leicht und einfach. Was werdet ihr denen antworten? Bleibt ihr authentisch? Ja, bitte bleibt es.

☆☆☆

Die Neuen Kinder

Die sogenannten Neuen Kinder (Indigokinder, Kristallkinder) haben in den letzten zwei Jahrzehnten bereits für viel Aufregung gesorgt. Mit ihrer hohen Sensibilität waren sie eine enorme Herausforderung für ihre Familien, das weitere Umfeld, die Lehrer und die Gesellschaft. Sie stellten mehr oder weniger alles infrage. Sie gaben sich dieser Herausforderung voll hin. Nicht jeder Mitmensch verstand sie. Sich in sie einzufühlen war oft sehr schwierig.

Eltern und Pädagogen wollten sie wie alle Kinder kategorisieren und entsprechend erziehen. Sie versuchten, ihnen ihre Spielregeln aufzuzwingen, anstatt ihre Seelen zu fühlen. Sie waren mit den üblichen Methoden aber eben nicht in den „Griff" zu kriegen, sondern entzogen sich diesen Zwängen oder gingen seelisch daran zugrunde. Symptome wie ADHS traten besonders häufig auf.

Diese wunderbaren Kinder reagierten nicht so, wie man es von ihnen erwartete, wie es eine Gesellschaft verlangte. Damit wollten sie erreichen, dass sich unsere Gesellschaft selbst hinterfragt. Wo sind Denk- und Vorgehensweisen veraltet? Wo sind Familien- und Beziehungsstrukturen und pädagogische Lehren nicht mehr zeitgemäß? Wo sind soziale Umschichtungen angebracht?

Das Hinterfragen nach einer tieferen Sinnhaftigkeit des Seins überhaupt wurde durch sie verstärkt aufgeworfen. Das hat bereits zu einer Menge an Veränderungen geführt.

Die Kreativität dieser Kinder war häufig außerordentlich hoch. Viele von ihnen haben uns mit ihren neuen

Ideen inzwischen begeistert. Ihre Leidenschaft für etwas war und ist auffallend, wenn man sie lässt. Sie sind mit ganzem Herzen bei einer Sache und identifizieren sich mit ihren Ideen.

Dort, wo sie nicht auf Verständnis stoßen, verkümmern sie und ergeben sich.

Und was ist mit ihrer Gewalttätigkeit, mit ihrem Außenseitertum, mit Drogen, mit ihrer Computerwelt, hinter der sie sich verbarrikadieren? Was spiegelt sich hier?

Die Gesellschaft verlangt von ihnen Anpassung. Woran sollen sie sich denn anpassen?

Überall finden wir Gewalt vor, in jeder Art, bis in die größten und feinsten Manipulationen hinein. Diese Kinder spüren das mit ihrer Sensibilität. So suchen sie sich ihre Welt darin, wenn sie sich nicht angenommen fühlen und keine echte Liebe vorfinden. Sie haben sich angepasst – nur nicht so, wie es von ihnen erwartet wurde.

Jetzt, in der Neuen Zeit, werden Kinder inkarnieren, die Revolutionäre sein werden. Ihre Seelen waren noch nicht auf der Erde. Sie sind hier neu, also nicht belastet. Sie werden sich nichts vormachen lassen, weil sie einfach wissen, worum es geht. Viele von ihnen finden wir später in Spitzenpositionen. Sie werden all das umsetzen, was jetzt vorbereitet worden ist. Sie werden **machen**.

Was brauchen sie dafür von uns? Ein Zuhause, größtes Vertrauen und einfach nur Liebe. Aus diesem Umsorgtsein können sie sich voll entfalten. Sie benötigen als Kinder die Gewissheit, dass sie absolut willkommen sind. Das wird sie motivieren, ihre Rolle anzunehmen und umzusetzen.

Unsere Gesellschaft ist von sich aus nicht in der Lage, sich selbst vollkommen zu erneuern. Aber diese Neuen Kinder ab 2013 werden es übernehmen.

Unsere Kinder sind unsere Zukunft!

Und so möchte ich nun allen Lesern von ganzem Herzen eine wunderschöne, wundersame und erfüllte Zukunft wünschen.

Diese Zukunft gestaltet sich aus dem Moment. Also gilt es jetzt, jeden Moment in Liebe zu leben. Durch die *Neue Energie* werden wir dann noch mehr Leichtigkeit dazugewinnen. Das wird uns fröhlich stimmen. Die Fröhlichkeit wiederum wird wieder neue Momente kreieren, die noch leichter sein werden...und so weiter...und so fort – es wird sich ausdehnen...

Von Herz zu Herz,
Ralph-Dietmar Stief

PS: Gerne nehme ich weitere Berichte entgegen, die uns aufzeigen, wie sich die *Neue Energie* immer wieder neu präsentiert und sich weiter ausdehnt. Vielleicht wird daraus ein spannender Folgeband entstehen. Darauf freue ich mich bereits jetzt.